跟我学汉语 第二版

LEARN CHINESE WITH ME

学生用书

Student's Book 1

Printed in China

孔子学院总部赠送

Donated by Confucius Institute Headquarters

人民教育出版社

PEOPLE'S EDUCATION PRESS

图书在版编目（CIP）数据

跟我学汉语学生用书：第2版：英语版.第1册／陈
绂，朱志平等编.—北京：人民教育出版社，2014.9
ISBN 978-7-107-29216-3

Ⅰ.①跟…　Ⅱ.①陈…　Ⅲ.①汉语—对外
汉语教学—教材　Ⅳ.①H195.4

中国版本图书馆CIP数据核字（2014）第214755号

人民教育出版社 出版发行
网址：http://www.pep.com.cn
北京盛通印刷股份有限公司印装　全国新华书店经销
2014年9月第1版　2015年11月第2次印刷
开本：890毫米×1240毫米　1/16　插页：1　印张：16.5
印数：3 001～6 000 册
审图号：GS (2014) 1220号
定价：90.00 元

总 策 划　　许　琳　殷忠民　韦志榕

总 监 制　　夏建辉　郑旺全

监　　制　　张彤辉　顾　蕾　刘根芹

　　　　　　王世友　赵晓非

编　　者　　陈　绂　朱志平　王若江　宋志明

　　　　　　杨丽姣　尹　洁　徐彩华　娄　毅

英文翻译　　李长英　李　瑜

责任编辑　　狄国伟　张　君

审　　稿　　王世友　赵晓非

英文审稿　　Sarah Miller [美国]　Abigail Majane [美国]

封面设计　　王俊宏

插图制作　　张傲冰

　　　　　　北京天辰文化艺术传播有限公司

第二版前言

　　《跟我学汉语》的出版和使用已经整整十年了。十年间，它受到国外汉语学习者的普遍欢迎，对此，我们由衷地感到欣慰。目前汉语作为第二语言的教学正在飞速的发展，学习汉语的人群，特别是海外学习汉语的人数迅速增加，为了使教材能更好地为汉语国际传播的大好形势服务，在国家汉办的领导下，在人民教育出版社的协助下，我们对《跟我学汉语》进行了全面的修订。

　　参加这次修订的人员，有的是第一版教材的编写者，有的是美国AP中文教材的编写者。作为从事并热爱汉语教学的教师，我们认真研究了使用这套教材的教师们和海外其他从事汉语为第二语言教学工作的一线教师们的意见，参考了《新汉语水平考试（HSK）大纲》《国际汉语教学通用课程大纲》及相关国家的汉语课程标准，并结合自己多年的教学实践，对《跟我学汉语》的修订确定了如下原则与方法：

　　首先，基本保持第一版教材编写的指导思想、框架与风格，适用对象仍然是以零为起点，终点达到中级汉语水平的学习者。完成全部四册学习后能掌握1 500个词以上，达到HSK四级的水平。

　　其次，更加明确了"学习外语的根本目的就是为了完成交际任务"这一外语学习理念，并将这一理念体现在教材的每个组成部分之中，尤其是课堂设计和练习的编写中。

　　第三，在修订中始终致力于增强教材的普适性和针对性。第一版教材主要针对北美地区，修订后的第二版教材将适用于海外大部分地区。不少一线教师提出，《跟我学汉语》是一部高中教材，但部分内容显得有些低龄化，修订中我们注意认真纠正这一倾向，力争使教材更加适用于海外的高中学生。

第四，适度削减教材的内容，将每一册的教学总量压缩了20%左右；为了降低教材的难度，重新安排了部分课文和语言点，以更符合《国际汉语教学通用课程大纲》和HSK的要求；为了增加教材的趣味性，重新设计了课堂活动和部分练习题……其他诸如关于拼音的说明与教学、关于汉字教学、词语教学以及文化内容的介绍等等，我们都做了适度的调整与补充。

第五，适量补充新内容。在适度削减的总原则下，为了帮助海外汉语教师备课，我们对第一版教材做了一定的补充：在学生用书中用英语给出了有关语言点的最简单的说明，以便学生了解和学习；同时在教师用书中又做了较为详细的解释与扩展，为教师备课提供了可用的资料。我们还较大篇幅地增加了教师用书的内容，在"教学建议"栏目中增设了"教学安排"，给出了具体的"教学程序"。为了更好地与HSK衔接，我们在教师用书中增加了HSK模拟试题，帮助学生熟悉题型，同时有针对性地进行自我评测。

由于本次修订的时间比较紧，第二版内容中可能还会有各种问题，我们诚恳希望广大使用者能够给予批评指正。

本次修订得到了国家汉办／孔子学院总部的直接指导和人民教育出版社的大力支持，在此表示衷心的感谢！我们还特别要向给本教材提出宝贵意见的教师致以最诚挚的谢意！

编　者

2014年1月

Preface
(to the Second Edition)

Learn Chinese with Me has now been in publication for over ten years, during which time we have been very pleased to note its warm reception in the Chinese learning community. However, during that time, the field of teaching Chinese as a second language has developed at a rapid rate. Concurrently, more and more students are choosing to study Chinese as a second language every year. To better serve the needs of our students and ensure that our teaching materials incorporate these recent developments, Hanban and the People's Education Press have come together to create a second edition of *Learn Chinese with Me*.

Editors of this edition include both editors of the first edition and AP Chinese instructors in the United States. As teachers with a passionate commitment to the study and teaching of Chinese, we have taken into careful consideration the suggestions of Chinese teachers that have used this textbook series, as well as those of teachers in related fields, consulted the *New HSK Outline*, the *International Curriculum for Chinese Language Education* and other relevant curriculum standards, and combined them with our own years of experience to decide on the following five principles in performing our revisions of *Learn Chinese with Me*:

First, maintaining the guiding principles, framework and style of the first edition, we have made this series suitable for students with no prior Chinese learning experience. By the time students complete the series, their Chinese will be approaching the intermediate level. After completing all four volumes, they will qualify for HSK Level Four.

Second, we have more explicitly incorporated the concept that "the study of a foreign language's ultimate goal is to be able to complete tasks" into every section of the teaching materials, especially in the compilation of in-the-classroom plans and practice exercises.

Third, throughout the entire revision process, we have attempted to make the series more generalizable to students of Chinese all around the world, as well as more suitable for our target demographic of high school students. While the original edition was mainly directed at students in North America, this edition aims to suit students from many different world regions. Additionally, many teachers advised us that, while the first edition of *Learn Chinese with Me* was a high school series, part of the content was more suited to younger students. We have industriously worked to address this tendency in the current edition and make the content more suitable for high school students outside of China.

Fourth, we have decreased the content to more moderate levels, compressing each volume by about 20%. To decrease the difficulty of the material and better suit the requirements of both the *International Curriculum for Chinese Language Education* and the HSK, we have adjusted text and added grammar sections. To make the material more interesting, we have designed new classroom activities and group practice assignments. We have also revised and supplemented existing sections, such as the explanation and teaching of *pinyin*, the teaching of Chinese characters and vocabulary, and the introduction of certain aspects of Chinese culture.

Fifth, we have added a moderate amount of new material. While keeping our goal of decreasing content in mind, we have supplemented certain sections to help teachers prepare lessons. As many teachers mentioned that the first edition lacked adequate explanations of grammar patterns, the revised student edition of *Learn Chinese with Me* includes simple English introductions to new grammar patterns in order to help students understand them more easily. Additionally, the revised teacher's book once more includes more detailed and developed explanations as well as class preparation materials. We have also increased the length of the content in the teacher's book. Under the heading "Teaching Suggestions," we have designed "Teaching Schedules", as well as provided a model "Teaching Sequence" for teaching the course. In order to better match the format of the HSK, from the first volume's second unit onward, we have added a practice set of HSK questions in the Teacher's book. These will help students become familiar with the HSK question format and allow them to review how far they have progressed.

Due to the relatively short timeframe given for revision, this edition may contain some errors, so we sincerely welcome any critique or corrections from users of the series.

We would like to express our wholehearted thanks for Hanban's direct guidance and the People's Education Press' great support in revising this series. We would also like to extend our sincere gratitude toward the many teachers that provided valuable suggestions throughout the editing process!

Compilers
January, 2014

第一版前言

　　《跟我学汉语》是一套专为海外中学生编写的汉语教材，使用对象主要是以英语为母语的中学生或者年龄在15—18岁的青少年第二语言学习者。

　　《跟我学汉语》凝聚了我们这些从事并热爱汉语教学的教师们的大量心血。这套教材从框架的设计到语言材料的选取安排，都吸收了当前汉语作为第二语言习得研究、特别是对以英语为母语的汉语习得研究的最新成果。由于编写者都是汉语作为第二语言教学的教师，因此能够从自己亲身进行教学的角度去设计教材，安排内容。在编写的过程中，我们也多次征求并采纳了海外中学以汉语为第二语言进行教学的一线教师的意见，这些意见给予了编写工作很好的启示。

　　《跟我学汉语》这套教材以零为起点，终点接近中级汉语水平。编写的主导思想是培养海外中学生学习汉语的兴趣。教材在内容的安排上力图自然、有趣，符合第二语言学习规律。教材语法点的出现顺序以表达功能的需要为基础，并用话题为线索来编排语言材料，从而带动交际能力的培养。《跟我学汉语》采用的话题得益于海外广大中学生的热情贡献。2001年编者在北美地区对两个城市的中学生进行了"你感兴趣的话题"的问卷调查，这套教材的话题即是从500多份调查材料中精心筛选出来的。我们希望，这套教材能够在不失系统性的基础上，表现出明显的功能性；在不失科学性的基础上，表现出明显的实用性；在不失严肃性的基础上，表现出明显的趣味性。

　　《跟我学汉语》全套教材共12册，包括学生用书4册以及配套的教师用书、练习册各4册，同时有与学生用书相配套的语音听力材料和多媒体教材。全套教材可供英语地区中学汉语教学9—12年级使用。

《跟我学汉语》是中国国家对外汉语教学领导小组办公室（简称国家汉办）所主持的一项重点研究项目的一部分，由北京师范大学承担。在编写这套教材的过程中，我们得到了方方面面的支持与帮助。为此，我们衷心感谢：

国家汉办严美华主任、姜明宝副主任、李桂苓女士、宋永波先生，他们的具体指导给予了教材编写最为有力的帮助；

加拿大温哥华、多伦多地区的汉语教师：Jean Heath, Kate McMeiken, Tina Du, Chong Fu Tan, Hua Tang, Larry Zehong Lei, Assunta Tan A.M., Maggie Ip, Billie Ng, Yanfeng Qu, Hilary Spicer, Tina Ding, Xue Wu, 王献恩，李建一，高锡铭，戴大器，宋乃王……他们在教材的前期调研中提供了大量的帮助，在他们的帮助下，我们走近了北美地区，走近了我们要编写的教材；

美国芝加哥地区的汉语教师：纪瑾、车幼鸣、谢洪伟、李迪、傅海燕、顾利程，他们认真地试用了教材的初稿，并提出了宝贵的意见；

中国驻加拿大温哥华总领事馆教育参赞许琳女士、中国驻加拿大多伦多总领事馆教育参赞张国庆先生，他们以及他们的同事为教材的前期调研提供了大量帮助，为教材的编写付出了许多心血和精力，他们的热情和坦诚都令人感动；

中国驻美国芝加哥总领事馆教育组的江波、朱宏清等先生，他们为这套教材的试用与修改做了许多工作；

国家汉办原常务副主任、北京语言学院副院长程棠先生认真地审阅了全部学生用书、教师用书和练习册，并提出了中肯的意见。

在教材编写的初期和后期，国家汉办先后两次组织专家对教材的样课和定稿进行了审定，专家们提出了许多宝贵意见，我们在此一并致谢。

编　者

2003年6月

Preface
(to the First Edition)

Learn Chinese with Me is a series of textbooks designed especially for overseas high school students. It is mainly targeted at students of Chinese language, aged between 15 and 18 years old, whose native language is English.

Learn Chinese with Me is a product of many years' painstaking labor carried out with a passion and devotion to the cause of Chinese teaching. During the process of compiling this series (from the framework design to the selection and arrangement of the language materials), we have taken into consideration the latest research on the acquisition of Chinese as a second language, especially on the acquisition of Chinese by English-speakers, our own experiences of teaching Chinese as a second language and feedback from numerous other Chinese language teachers working on the front line. We were able to design the textbooks and arrange the content on the basis of a wide spectrum of knowledge and experience, both academic and practical.

This series of textbooks guides the students from beginner to low-intermediate level. The compiling principle is to foster high school students' interest in learning Chinese. The content is natural and interesting and arranged in accordance with the rules of learning a second language. To cope with the general needs of conducting daily communication, the sentence patterns and grammar are presented to students in an order that emphasizes functional usage and the language materials are arranged within situational topics. The selection of these topics owes a great deal to overseas high school students themselves. In 2001, we conducted a survey among high school students in two North American cities on *Topics That You're Interested in*, and the topics in this series of textbooks have been carefully selected based on this survey of over 500 questionnaires. It is our goal that this textbook series is, on the one hand, functional, pragmatic and interesting to the learner, and on the other hand, systematic, scientific, and academic.

The entire series of *Learn Chinese with Me* is composed of 12 books, including 4 Student's Books, 4 Teacher's Books, 4 Workbooks and other phonetic and listening materials and multimedia materials supplemented to the Student's Books. The series can meet the needs of teaching Chinese to 9-12 grades in English-speaking countries and communities.

This series of textbooks is part of a major project sponsored by China National Office for Teaching Chinese as a Foreign Language (NOCFL) and entrusted to Beijing Normal University to carry out. During the whole compiling process, we received assistance and support from various parties. Therefore, we'd like to dedicate our gratitude to:

Yan Meihua, Director of NOCFL, Jiang Mingbao, Vice Director of NOCFL, Ms. Li Guiling and Mr. Song Yongbo. Their specific directions have been of crucial assistance to us.

We would also like to thank the teachers in Vancouver and Toronto, Canada. They are Jean Heath, Kate McMeiken, Tina Du, Chong Fu Tan, Hua Tang, Larry Zehong Lei, Assunta Tan A.M., Maggie Ip, Billie Ng, Yanfeng Qu, Hilary Spicer, Tina Ding, Xue Wu, Xian'en Wang, Jianyi Lee, Ximing Gao, Daqi Dai and Naiwang Song etc. Through their help in the area of research and their valuable suggestions, we acquired a better knowledge of the North American classroom and finally came closer than ever before to the kind of textbook we have always strived to create.

The teachers of Chinese in Chicago, Jin Ji, Youming Che, Hongwei Xie, Di Lee, Haiyan Fu and Licheng Gu also provided valuable suggestions after they carefully read the first draft of the textbook.

We also really appreciate the great assistance offered by Ms. Xu Lin, Educational Attaché of the General Chinese Consulate in Vancouver, Canada and Mr. Zhang Guoqing, Educational Attaché of the General Chinese Consulate in Toronto, Canada. They and their colleagues gave us lots of help during our long-time survey for this book. Their devotion, enthusiasm and sincerity for the project has deeply impressed us.

Mr. Jiang Bo and Mr. Zhu Hongqing in charge of education in General Chinese Consulate in Chicago also made many contributions to the trial use and revision of this series.

In addition, we would like to give our special thanks to Mr. Cheng Tang, the former Vice Director of the Standing Committee of NOCFL and the Vice President of Beijing Language Institute. He made many critical proposals to us based on his careful study of all the Student's Books, the Teacher's Books and the Workbooks, and offered some invaluable suggestions.

At both the beginning and late stages of compiling this textbook series, NOCFL twice organized experts to examine and evaluate the textbook sample and the final draft. These experts, too, provided useful comments on the series. We are also grateful to them.

Compilers
June, 2003

Where is China?

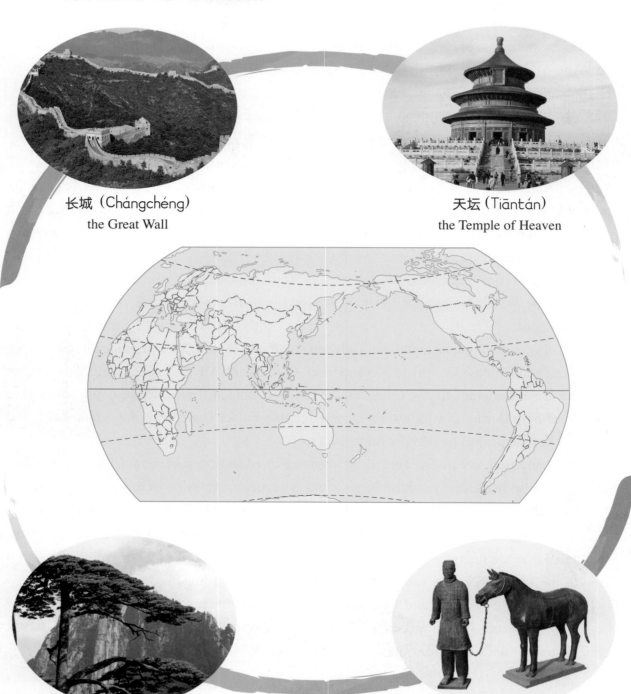

长城（Chángchéng）
the Great Wall

天坛（Tiāntán）
the Temple of Heaven

黄山（Huáng Shān）
the Yellow Mountain

兵马俑（bīngmǎyǒng）
terracotta warriors and horses

What do you know about China?

唐三彩（tángsāncǎi）
Tang tricolor pottery

熊猫（xióngmāo）
panda

丹顶鹤（dāndǐnghè）
red-crowned crane

金丝猴（jīnsīhóu）
golden monkey

扬子鳄（yángzǐ'è）
Chinese alligator

蜡染（làrǎn）
wax printing

The Chinese Knot

The Chinese knot is one of China's many unique forms of folk art. This traditional handcraft is made of rope or string. Chinese knots come in many distinctive shapes and splendid colors. Each basic type is given a name based on its shape and meaning. Chinese knots are rich in cultural symbolism. For example, the ten thousand blessing knot is also called the "knot of dreams coming true", symbolizes good fortune and best wishes.

万字结（wànzìjié）
ten thousand blessings knot

草花结（cǎohuājié）
straw flower knot

双喜结（shuāngxǐjié）
double-happiness knot

团圆结（tuányuánjié）
togetherness knot

CONTENTS

Chinese Phonetic Transcription (*Pinyin*)

Unit Five *Food and Clothing* 146

Unit Six *Sports and Health* 181

Appendices 218

Table of Combinations of Initials and Finals in *Putonghua*

Chinese Phonetic Transcription (*Pinyin*)

1. Formula for Chinese phonetic transcription (*Pinyin*)

Initials	b p m f	d t n l
	g k h	j q x
	zh ch sh r	z c s

Finals							
	Simple Finals	a	o	e	i	u	ü
	Compound Finals	ai ao	ou	ei	ia ie iao iou	ua uo uai uei	üe
	Nasal Compound Finals	an ang	ong	en eng	ian in iang ing iong	uan uen uang ueng	üan ün

2. Tones

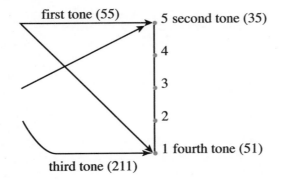

first tone (55)
5 second tone (35)
4
3
2
1 fourth tone (51)
third tone (211)

3. A Chinese syllable is generally made up of an initial, a final and a tone. For example:

Initials	Finals	Tones	Syllables
n	i	ˇ	nǐ
h	ao	ˇ	hǎo

4. A difference in tone means a difference in meaning.

mā (mum)

má (flax)

mǎ (horse)

mà (swear)

wēn (warm)

wén (smell)

wěn (kiss)

wèn (ask)

fāng (square)

fáng (house)

fǎng (visit)

fàng (put down)

qī (seven)

qí (ride)

qǐ (get up)

qì (angry)

Unit One

School, Classmates and Teachers

Look and say

1 你 好
nǐ hǎo

Look and say

Nǐ hǎo!

New words

1. 你　　nǐ　　　　*pron.*　you
2. 好　　hǎo　　　*adj.*　good
3. 老师　lǎoshī　　*n.*　teacher①
4. 同学　tóngxué　*n.*　classmate②
5. 们　　men　　　*suf.*　*used to form a plural number*③

Proper nouns

- 王家明　Wáng Jiāmíng
  Wang Jiaming
- 大卫　　Dàwèi　David
- 林 (老师)　Lín (lǎoshī)
  a surname

---

① Used as a form of address for a teacher, equivalent to "sir" or "madam".
② Used as a form of address for a student.
③ Usually added to a personal pronoun or a noun referring to person (not used when the pronoun or noun is preceded by a numeral or an intensifier).

Classroom Chinese

- Xiànzài shàng kè: Let's begin class.
- Xiànzài xià kè: Class is over.

Wang Jiaming, a freshman, is meeting his classmate for the first time.

王 家 明：	你 好！
wáng jiā míng	nǐ hǎo
大　卫：	你 好！
dà　wèi	nǐ hǎo
王 家 明：	老 师 好！
wáng jiā míng	lǎo shī hǎo
林 老 师：	同 学 们 好！
lín lǎo shī	tóng xué men hǎo

1. "你好！"

    你好 is greeting. 你 is the second-person pronoun, which can be used to replace other forms of address.

2. "同学们好！"

    们 is used after pronouns to indicate plural（你们）. It can also be used after other nouns indicating people（老师们）.

Exercise

On your own: Read aloud.

nǐ

> Nǐ hǎo!

nǐmen[1]

> Nǐmen hǎo!

Conversation practice: Read and then practice with a partner.

> Lǎoshī hǎo!

> Tóngxuémen hǎo!

> Nǐ hǎo, Jack.

> Nǐ hǎo, Lisa.

---

① you (plural)

Class activity: 你好！

(1) Write a greeting on a piece of paper.
(2) The teacher collects all the notes and put them in a box.
(3) Each student chooses one from the box and reads it to greet a classmate.

Phonetics

Finals	The four tones
a o e i u ü	ā á ǎ à

Listen to the recording, then read aloud.

ā	á	ǎ	à
ō	ó	ǒ	ò
ē	é	ě	è
ī	í	ǐ	ì

ū	ú	ǔ	ù
(wū	wú	wǔ	wù)
ǖ	ǘ	ǚ	ǜ
(yū	yú	yǔ	yù)

---

① Good morning.
② Good evening.

Can you sing it?

The Chinese Phonetic Alphabet Song

bo po mo fo   de te ne le   ge ke he ji qi xi   zhi chi shi ri

zi ci si   zhi chi shi   zhi chi shi ri   zi ci si

a o e   i u ü   wo men dou lai   xue pin yin

Chinese characters

Here are some examples of different kinds of Chinese characters. Can you spot the difference between each line of characters?

王	大	卫			
你	好	们	明	林	师
学	家				
同	老				

6

Greetings

你好 is the most common greeting in Chinese. It can be used at any time of the day to greet either an old friend or a new acquaintance. 早，早上好，晚上好 are used at certain times of the day. 您好 is a greeting used to show respect. 吃了吗 is used as a greeting around meal time although it has become less common today.

我 是 王 家 明
wǒ shì wáng jiā míng

Look and say

Wǒ shì Mǎlì.

New words

1. 我   wǒ   *pron.*   I; me
2. 叫   jiào   *v.*   to call; to name
3. 她   tā   *pron.*   she
4. 是   shì   *v.*   to be (is/am/are)
5. 他   tā   *pron.*   he
6. 你们 nǐmen   *pron.*   you (plural)

Proper nouns

● 玛丽   Mǎlì   Mary

● 杰克   Jiékè   Jack

Classroom Chinese

● Qǐng gēn wǒ shuō!

Please repeat after me.

Wang Jiaming comes to his first biology class.

家　　明：林老师好！
jiā　　míng　　lín lǎo shi hǎo

　　　　我叫王家明。
　　　　wǒ jiào wáng jiā míng

林老师：你好！
lín lǎo shī　nǐ hǎo

The teacher introduces Wang Jiaming to Mary and Jack.

林老师：她是玛丽，
lín lǎo shī　tā shì mǎ lì

　　　　他是杰克。
　　　　tā shì jié kè

家　　明：你们好！
jiā　　míng　nǐ men hǎo

玛丽、杰克：你好！
mǎ lì　jié kè　nǐ hǎo

"我叫王家明。""她是玛丽。""他是杰克。"

(1) 我，他，她 can all be used to replace other forms of address. 我 is a first-person pronoun. 他 and 她 are third-person pronouns: 他 indicates male and 她 indicates female. 们 needs to be added for the plural form.

	singular	plural
first	我	我们
second	你	你们
third	他、她	他们、她们

(2) "我叫/我是……" is used to introduce oneself and is followed by one's own name. "他（她）是/他（她）叫……" is used to introduced another person.

There are some differences between these two expressions. "……叫……" can only be used before one's own or another person's name while "……是……" is more often used to describe a person's identity and occupation.

我/他叫王家明。

他/我是学生。

Exercise

On your own: Read aloud.

Conversation practice: Introduce these students to a partner.

Jack

Mary

Emma

Alice

Tā jiào _____, tā jiào _____.

Tā jiào _____, tā jiào _____.

Class activity: A Chinese name.

Do you have a Chinese name? If you don't, choose one for yourself. If you do, write it on the blackboard and tell us what it means.

Common boys' names		
家 family jiā	伟 great wěi	军 army jūn
明 bright míng	光 light guāng	凯 victorious kǎi

Common girls' names		
美 beautiful měi	芳 fragrant fāng	洁 pure, clean jié and honest
云 cloud yún	梅 plum méi	娟 graceful juān

Game time: Make a Chinese paper pinwheel. (See Appendix I)

Phonetics

Initials		
b—(bo)		d—(de)
p—(po)		t—(te)
	f—(fo)	
m—(mo)		n—(ne)
		l—(le)

1. Look at these combinations of initials and finals. Read each combination with each of the four tones.

	a	o	e	i	u	ü
b	ba	bo		bi	bu	
p	pa	po		pi	pu	
m	ma	mo	me	mi	mu	
f	fa	fo			fu	
d	da		de	di	du	
t	ta		te	ti	tu	
n	na		ne	ni	nu	nü
l	la		le	li	lu	lü

2. Listen to the recording, write down the syllables you hear (including the tones), and then read them aloud.

a. _____ b. _____ c. _____ d. _____

e. _____ f. _____ g. _____ h. _____

3. Listen to the recording, then choose the syllables you hear.

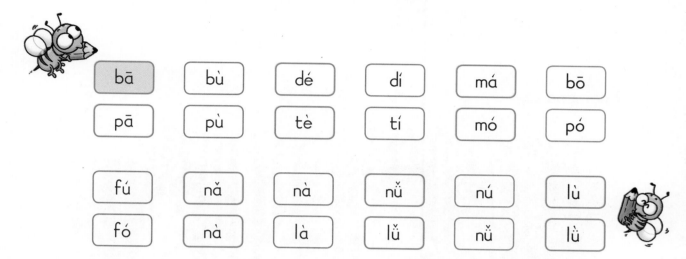

| bā | bù | dé | dí | má | bō |
| pā | pù | tè | tí | mó | pó |

| fú | nǎ | nà | nǔ | nú | lù |
| fó | nà | là | lǚ | nǚ | lǜ |

Chinese characters

Can you spot the difference between each line of characters?

我			
丽			
叫	玛	克	杰

3　谢　谢
xiè　xie

Look and say

Xièxie!

New words

1. 谢谢	xièxie	*v.*	to thank (you)
2. 不客气	bú kèqi		You're welcome.
3. 什么	shénme	*pron.*	what
4. 名字	míngzi	*n.*	name
5. 再见	zàijiàn		See you.

Classroom Chinese

● Qǐng kàn hēibǎn!　Please look at the blackboard.

The teacher dropped books on the floor accidentally. Wang Jiaming helped her pick them up.

老师：谢谢你！
lǎo shī　　xiè xie nǐ
家明：不客气。
jiā míng　　bú kè qi

老师：你叫什么名字?
lǎo shī　　nǐ jiào shén me míng zi
家明：我叫王家明。
jiā míng　　wǒ jiào wáng jiā míng

家明：老师再见。
jiā míng　lǎo shī zài jiàn
老师：再见。
lǎo shī　　zài jiàn

Notes

1. "你叫什么名字？"

   什么 is used in a question to ask about the name and identity of a person as well as the nature of other things. In 你叫什么，什么 asks for a person's name and must be placed after 叫 .

2. "老师再见。"

   再见 means "goodbye". It can be used alone or following someone's name or title. For example, 老师再见 .

Exercise

On your own: Read aloud.

Conversation practice: Complete the following sentences and practice with a partner.

---

① See you tomorrow.

A : Xièxie.

B : _____.

Class activity: Get to know new friends.

Walk casually around the classroom, pretending not to know each other, while the teacher taps the table, gradually increasing the tempo until coming to a sudden stop. The two students closest to each other must begin to introduce themselves.

Nǐ hǎo, wǒ jiào ...
Nǐ jiào shénme míngzi?

Nǐ hǎo, wǒ jiào ...

Phonetics

Initials				Finals			
g–(ge)	k–(ke)	h–(he)		ai	ei	ao	ou

1. Look at these combinations of initials and finals. Read each combination with each of the four tones.

	a	e	u	ai	ei	ao	ou
g	ga	ge	gu	gai	gei	gao	gou
k	ka	ke	ku	kai	kei	kao	kou
h	ha	he	hu	hai	hei	hao	hou

2. Listen to the recording, write down the syllables you hear (including the tones), and then read them aloud.

a. _____   b. _____   c. _____

d. _____   e. _____   f. _____

3. Listen to the recording, then choose the syllables you hear.

gā	gē	hè	hú	hào	kòu	fā
kā	kē	lè	fú	lào	hòu	hā

bái	bào	dāi	dáo	pōu	nèi	hòu
pái	pào	dēi	táo	dōu	lèi	lòu

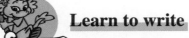
Learn to write

1. Character structure

Can you spot the difference between each line of characters?

不	气	么	再	见
什	谢			
客				

2. Character strokes

(1) Each Chinese character is made up of different strokes. Read the names of these three basic strokes.

stroke	、	一	丨
name	diǎn (dot)	héng (horizontal line)	shù (vertical line)
direction	↘	→	↓
examples	家 丽	王 大	王 们

18

(2) Without looking at the above chart, give the names of the following strokes.

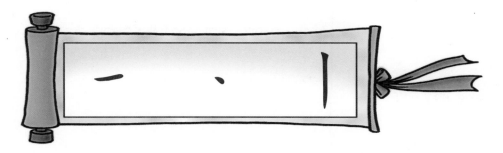

Expressing and Responding to Thanks

谢谢（你）is the most common way to express thanks and can be used on both formal and informal occasions. On informal occasions, 麻烦（你）了 can also be used to express gratitude. Responses usually are 不客气，客气什么 and 没事 .

4 她们是学生吗
tā men shì xué shēng ma

Look and say

New words

1. 她们	tāmen	*pron.*	they; them (female)
2. 学生	xuéshēng	*n.*	student
3. 吗	ma	*part.*	*used at the end of yes/no question*
4. 不	bù	*adv.*	no; not
5. 校长	xiàozhǎng	*n.*	headmaster; principal; (university or college) president

Classroom Chinese

● Qǐng dǎkāi shū!   Please open your books.

At the school art festival, the principal presents awards after performance. Wang Jiaming asks Jack who the girls are.

家明：她们是学生吗？
jiā míng　　tā men shì xué shēng ma

杰克：是，她们是学生。
jié kè　　shì　　tā men shì xué shēng

家明：他是老师吗？
jiā míng　　tā shì lǎo shī ma

杰克：不，他不是老师，他是校长。
jié kè　　bù　　tā bú shì lǎo shī　　tā shì xiào zhǎng

1. "她们是学生吗？"

   This is an interrogative sentence asking for a definite answer. The interrogative particle 吗 is often used at the end of a declarative sentence to form such a question.

   她是老师。 → 她是老师吗？

   是 is usually included in the definite response.

   A: 她是老师吗？

   B:（是，）她是老师。

2. "不，他不是老师。"

   不 in this sentence indicates a negative. 不 must be placed before what is to be negated.

   她不是老师。

   不 can also be used alone at the beginning of a sentence.

   不，她不是老师。

Exercise

On your own: Read and match.

他   她们   她   他们
tā   tā men   tā   tā men

Conversation practice: Complete the following sentences and practice with a partner.

A: Tāmen shì xuéshēng ma?

B: Shì, _Tāmen shì xuésheng_ .

A: Tā shì lǎoshī ma?

B: Shì, _Tā shì lǎoshī_ .

A: Tā shì xiàozhǎng ma?

B: Shì, _Tā shì xiàozhǎng_ .

A: Tāmen shì lǎoshī ma?

B: Bù, _Tāmen shì xuéshēng_ .

Class activity: Read my mind.

Write down the names of a teacher, a principal and a friend whom everyone is familiar with. Have a student choose one from the three, without telling anyone else. Have the other students try to guess which one the student has chosen.

> the teacher's name   the principal's name   the friend's name

A: "Shì lǎoshī ma?" "Shì xiàozhǎng ma?" "Shì _____ (the friend's name) ma?"

B: "Shì, shì _____ ." " Bù, bú shì _____ ."

23

Phonetics

Initials		
j—(ji)	q—(qi)	x—(xi)

Finals			
ia	ie	iao	iou
ua	uo	uai	uei
	üe		

1. Look at these combinations of intials and finals. Read each combination with each of the four tones.

	i	ia	ie	iao	iou(iu)	ü	üe
j	ji	jia	jie	jiao	jiu	ju	jue
q	qi	qia	qie	qiao	qiu	qu	que
x	xi	xia	xie	xiao	xiu	xu	xue

	ua	uo	uai	uei(ui)		ua	uo	uai	uei(ui)
d		duo		dui	g	gua	guo	guai	gui
t		tuo		tui	k	kua	kuo	kuai	kui
n		nuo			h	hua	huo	huai	hui
l		luo							

2. Listen to the recording, write down the syllables you hear (including the tones), and then read them aloud.

a. _____ b. _____ c. _____

d. _____ e. _____ f. _____

3. Listen to the recording, then choose the syllables you hear.

qìyóu	xiéhuì	fūqī	qǔpǔ	xiǎoxué	jiǔlóu
qíyǒu	xuéhuì	hūqì	jípǔ	jiàoxué	xiùqiú

24

Learn to write

1. Character structure

Can you spot the difference between each line of Chinese characters?

生			
校	他	她	吗

2. Character strokes

(1) Each Chinese character is made up of different strokes. Read the names of these three basic strokes.

stroke	ノ	＼	一
name	piě (left-falling stroke)	nà (right-falling stroke)	hénggōu (horizontal line and hook)
direction	↙	↘	→↘
examples	家 大	校 长	学 好

(2) Without looking at the previous chart, give the names of the following strokes.

25

3. Evolution of Chinese characters

甲 骨 文① jiǎ gǔ wén	金 文② jīn wén	籀 文③ zhòu wén	小 篆④ xiǎo zhuàn	楷 书⑤ kǎi shū	
				繁体字⑥ fán tǐ zì	简体字⑦ jiǎn tǐ zì
				人	人
				魚	鱼
				林	林
				國	国

Chinese culture

Chinese Characters

Chinese characters are the written form of the Chinese language. Because each occupies a generally square shape, they are sometimes referred to as form of the "square-shaped characters". Each Chinese character is composed of several different strokes, and the number of strokes varies with each character. Chinese characters form one of the oldest writing systems in the world. During its long history, the shapes of the characters have evolved a great deal, but at the core the system remains the same as when it was first invented.

---

① Inscriptions on shells or bones.
② Inscriptions on ancient bronze objects.
③ Ancient style of calligraphy, used in the Zhou Dynasty (11th century BC to 256 BC).
④ An ancient style of calligraphy, adopted in the Qin Dynasty (221 BC to 206 BC) for the purpose of standardizing the Chinese script.
⑤ Regular script.
⑥ Traditional characters.
⑦ Simplified characters.

5

他们 是 我 的 朋 友

tā men shì wǒ de péng you

Review

Look and say

Tāmen shì wǒ de péngyou.

New words

1. 他们 tāmen *pron.* they; them (male)

2. 的 de *part.* *particle used after an attribute* ①

3. 朋友 péngyou *n.* friend

4. 我们 wǒmen *pron.* we; us

5. 中学生 zhōngxuéshēng *n.* junior high or high school student

---

① Used after an attribute, such as a personal pronoun or a name.

Classroom Chinese

● Qǐng zài shuō yí biàn!   Please say it again.

Jack and his classmates come to register as community volunteers. Jack introduces himself and his classmates.

你好，我叫杰克。他们
是我的朋友，他叫王家明，
她叫玛丽。我们是中学生。

Nǐ hǎo, wǒ jiào Jiékè. Tāmen shì wǒ de péngyou, tā jiào Wáng Jiāmíng, tā jiào Mǎlì. Wǒmen shì zhōngxuéshēng.

"他们是我的朋友。"

们 in 他们 indicates the plural. (Please refer to explanation in lesson 2.) 是 in this sentence indicates the affirmative, which can introduce facts like identity and occupation.

她是我的妹妹。

我的妈妈是老师。

There is a possessive relationship between 我 and 朋友 in this sentence. 的 is often inserted between words with a possessive relationship. For example, 他的老师 or 我们的校长 . 的 is pronounced with a light tone.

Exercise

On your own: Read aloud.

wǒmen de lǎoshī

tā de péngyou

wǒ de bǐ

Jiékè de shū

Conversation practice: Complete the following sentences and practice with a partner.

A: Tāmen shì nǐ de péngyou ma?

B: Shì, _____ .

A: Tāmen shì nǐ de tóngxué ma?

B: Shì, _____ .

Photocopy Room

A: Tāmen shì nǐ de lǎoshī ma?

B: Shì, _____ .

A: Tāmen shì nǐ de tóngxué ma?

B: Bù, _____ .

Class activity: Whose is it?

Student form groups of five to six. One student takes a few pens, pencils, binders, etc, from the other students, while they all keep their eyes closed. That student then holds the items up one by one for the other students guess whose it is. The real owner should let the other students guess until they figure out whose it is.

A: Zhè shì shéi de wénjùhé?

B: Zhè shì wǒ de.

C: Bú duì. Zhè bú shì nǐ de, zhè shì … de.

D: Duì! Zhè shì wǒ de.

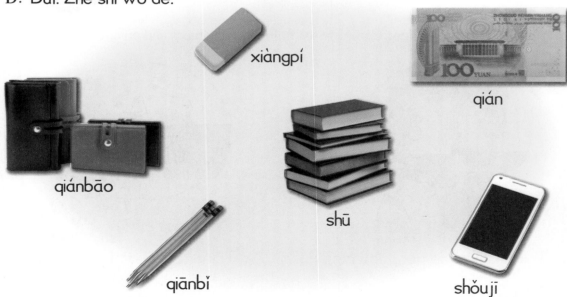

xiàngpí

qián

qiánbāo

shū

shǒujī

qiānbǐ

30

Phonetics

Initials			
zh	ch	sh	r

Finals				
-i	an	ian	uan	üan
	en	in	uen (un)	üen (ün)

1. Look at these combinations of intials and finals. Read each combination with each of the four tones.

	-i	a	e	ao	ou	an	en	uan	uen (un)
zh	zhi	zha	zhe	zhao	zhou	zhan	zhen	zhuan	zhun
ch	chi	cha	che	chao	chou	chan	chen	chuan	chun
sh	shi	sha	she	shao	shou	shan	shen	shuan	shun
r	ri		re	rao	rou	ran	ren	ruan	run

	ian	in	üan	üen (un)
j	jian	jin	juan	jun
q	qian	qin	quan	qun
x	xian	xin	xuan	xun

2. Listen to the recording, write down the syllables you hear (including the tones), and then read them aloud.

a. _____ b. _____ c. _____

d. _____ e. _____

3. Listen to the recording, then choose the syllables you hear.

zhichí	zìzhì	zīyuán	xīnchūn

jíqí	chízi	zhíyuán	jīnzūn

Learn to write

1. Character structure

中	朋	友

2. Character strokes

Look at the following variations on the basic strokes. Read the names aloud.

stroke	⌐	⟋	⌐	⌐
name	**shùgōu** (vertical line and a hook)	**tí** (rising stroke)	**héngzhé** (horizontal line and turn)	**héngzhégōu** (horizontal line downward turn and hook)
direction	↓	↗	→↓	→↓
example(s)	你	我	明 叫	他 们

丨 shu   ㇏ nà   ㇆ hénggōu

UNIT SUMMARY

FUNCTIONAL USAGE

1. Greetings

你 好!
nǐ hǎo

你 们 好!
nǐ men hǎo

同 学 们 好!
tóng xué men hǎo

老 师 好!
lǎo shi hǎo

2. Introducing oneself

我 叫......
wǒ jiào

我 是......
wǒ shì

3. Expressing gratitude

谢 谢!
xiè xie

不 客 气。
bú kè qi

4. Saying farewell

再 见!
zài jiàn

5. Inquiring about others

你 叫 什 么 名 字?
nǐ jiào shén me míng zi

他 是 学 生 吗?
tā shì xué shēng ma

6. Introducing others

他 是......
tā shì

她 是......
tā shì

他 们 是......
tā men shì

她 们 是......
tā men shì

GRAMMAR FOCUS

Sentence pattern	Examples

1. 你 好
nǐ hǎo

你 好！
nǐ hǎo

你 们 好！
nǐ men hǎo

2. 我 叫……
wǒ jiào

我 叫 杰 克。
wǒ jiào jié kè

我 叫 王 家 明。
wǒ jiào wáng jiā míng

3. 我 是……
wǒ shì

我 是 学 生。
wǒ shì xué shēng

我 是 老 师。
wǒ shì lǎo shī

4. 是……吗?
shì ma

他 是 中 学 生 吗?
tā shì zhōng xué shēng ma

他 是 校 长 吗?
tā shì xiào zhǎng ma

5. 不 是……
bú shì

她 不 是 学 生。
tā bú shì xué shēng

他 们 不 是 中 学 生。
tā men bú shì zhōng xué shēng

6. ……的……
de

他 们 是 我 的 朋 友。
tā men shì wǒ de péng you

我 是 林 老 师 的 学 生。
wǒ shì lín lǎo shī de xué shēng

CHARACTER STROKES

stroke	name	direction	example(s)
丶	diǎn (dot)	↘	家 丽
一	héng (horizontal line)	→	王 大
丨	shù (vertical line)	↓	王 们
丿	piě (left-falling stroke)	↙	家 大
㇏	nà (right-falling stroke)	↘	校 长
㇂	hénggōu (horizontal line and hook)	→↙	学 好
亅	shùgōu (vertical line and hook)	↓↙	你 我
㇀	tí (rising stroke)	↗	我
㇕	héngzhé (horizontal line and turn)	→↓	明 叫
㇆	héngzhégōu (horizontal line, downward turn and hook)	→↓↙	他 们

Unit Two

Hanging out with Friends

Look and say

dǎ lánqiú

dǎ yǔmáoqiú

xué Hànyǔ

tīng yīnyuè

chī dàngāo

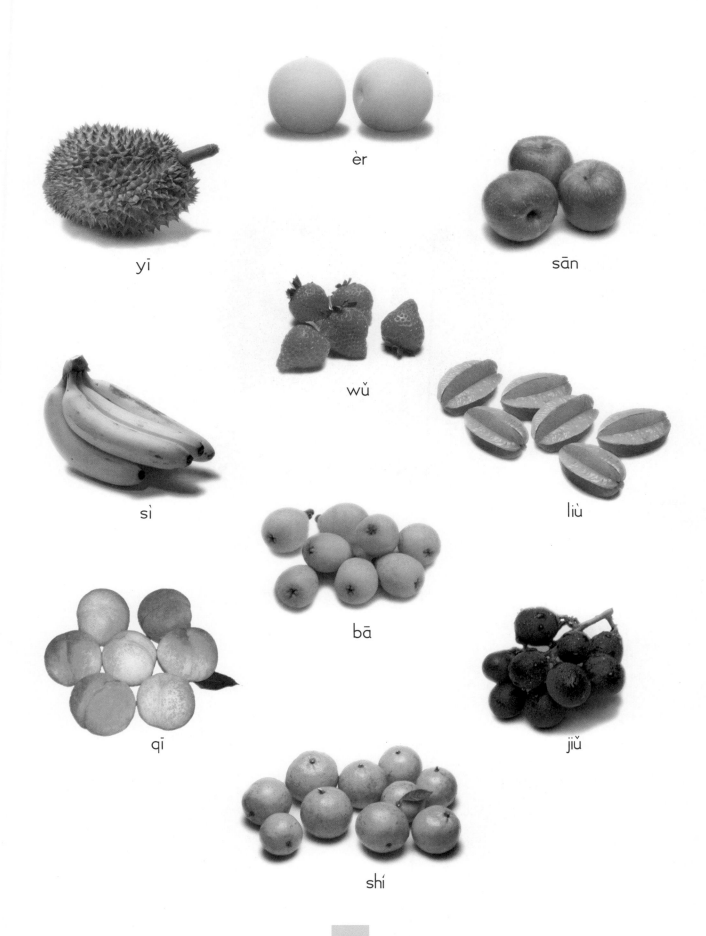

èr

yī

sān

wǔ

sì

liù

bā

qī

jiǔ

shí

6 他 是 谁
tā　shì　shéi

Look and say

Tā shì shéi?

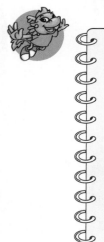

New words

1. 谁	shéi	*pron.*	who
2. 教练	jiàoliàn	*n.*	coach; instructor
3. 也	yě	*adv.*	also; too
4. 打	dǎ	*v.*	to play
5. 羽毛球	yǔmáoqiú	*n.*	badminton; shuttlecock
6. 篮球	lánqiú	*n.*	basketball

Daily Chinese

- Qǐng jìn!　Please come in.
- Qǐng zuò!　Please take a seat.
- Qǐng hē chá!　Please have some tea.

38

David waves at Wang Jiaming as he walks by. The coach asks David about Wang Jiaming.

教练：他是谁？
jiào liàn　tā shì shéi

大卫：他是我的朋友王家明。
dà wèi　tā shì wǒ de péng you wáng jiā míng

教练：他也打羽毛球吗？
jiào liàn　tā yě dǎ yǔ máo qiú ma

大卫：不，他不打羽毛球，他打篮球。
dà wèi　bù　tā bù dǎ yǔ máo qiú　tā dǎ lán qiú

1. "他是谁？"

   谁 is an interrogative pronoun used after a verb, usually to ask about a person.

   她是谁？

2. "他也打羽毛球吗？"

   也 is used to show that two or more things are of the same kind or have similar characteristics. It is usually used before common things.

   我是学生，他也是学生。

   我打羽毛球，她也打羽毛球。

   打 is a verb with several different meanings. Here it refers to playing games that use balls. 打 can be used for almost all ball games that are played with the hands, eg. 打排球, 打篮球. Generally, 打 cannot be used for games in which the feet make contact with the ball.

Exercise

 On your own: Read aloud.

dǎ wǎngqiú

dǎ yǔmáoqiú

dǎ bīngqiú

dǎ bàngqiú

dǎ pīngpāngqiú

dǎ páiqiú

Conversation practice

1. Make dialogues with a partner according to the pictures.

    A: Tā shì shéi?

    B: Tā shì _____.

2. Substitute names and words to make new dialogues.

    A: Tā shì shéi?

    B: Tā shì wǒ de péngyou Wáng Jiāmíng.

    A: Tā yě dǎ wǎngqiú ma?

    B: Shì, tā yě dǎ wǎngqiú.

(1)	Dàwèi	bàngqiú
(2)	Mǎlì	yǔmáoqiú
(3)	Líndá	páiqiú
(4)	Jiékè	bīngqiú

Class activity: Talk about your favorite sports star and what sport he or she plays.

Tā shì shéi? Tā dǎ shénme qiú?

Phonetics

Initials		
z	c	s

Finals		
ang	eng	ong
iang	ing	iong
uang	ueng	

1. Look at these combinations of initials and finals. Read each combination with each of the four tones.

	-i	a	an	ang	eng	ong	u	ui	uan	un
z	zi	za	zan	zang	zeng	zong	zu	zui	zuan	zun
c	ci	ca	can	cang	ceng	cong	cu	cui	cuan	cun
s	si	sa	san	sang	seng	song	su	sui	suan	sun

	i	ia	ian	in	iang	ing	iong
j	ji	jia	jian	jin	jiang	jing	jiong
q	qi	qia	qian	qin	qiang	qing	qiong
x	xi	xia	xian	xin	xiang	xing	xiong

	uang (wang)	ueng (weng)
g	guang	
k	kuang	
h	huang	
zh	zhuang	
ch	chuang	
sh	shuang	

2. Listen to the recording, write down the syllables you hear (including the tones), and then read them aloud.

a. _____   b. _____   c. _____

d. _____   e. _____   f. _____

3. Listen to the recording, then choose the syllables you hear.

zǒngkuò	cāngmáng	xīngqītiān	jīngjù
Zhōngguó	chāngkuáng	xīngqīsān	xìngqù
sònghuò	zhānghuáng	xīnqíshān	zhēngqǔ

43

Learn to write

1. Character structure

也	毛	教	练	谁
的	打	羽	球	篮

2. Stroke order

Stroke order refers to the correct order in which to write the different strokes of a Chinese character. There are several rules to follow when writing any Chinese character.

(1) Write from top to bottom, forming horizontal strokes first and then vertical.

王　一　二　干　王
打　一　十　扌　扌　打

(2) Write from left to right; forming downward strokes on the left before ones on the right.

大　一　ナ　大
不　一　ア　不　不
林　一　十　才　才　木　杵　材　林

Chinese culture

Table Tennis in China

Table tennis is known as China's national ball game. It was one of the most popular sports in China, which hailed as "all-people sport". But recently, it is increasingly perceived as a leisure activity for seniors.

7

谁 是 你 的 好 朋 友
shéi shì nǐ de hǎo péng you

Look and say

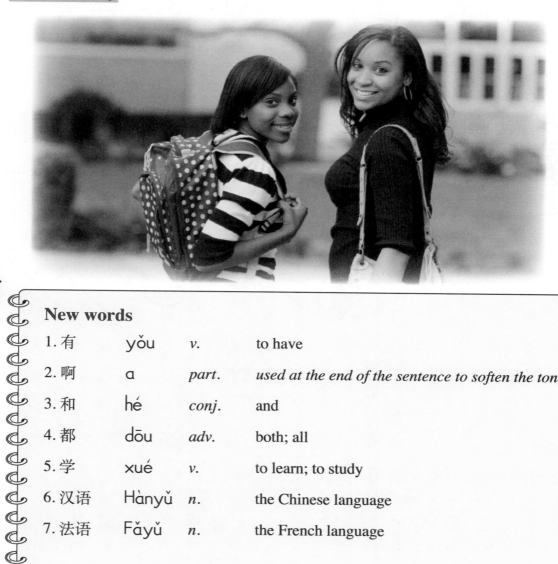

New words

1. 有	yǒu	*v.*	to have
2. 啊	a	*part.*	*used at the end of the sentence to soften the tone*
3. 和	hé	*conj.*	and
4. 都	dōu	*adv.*	both; all
5. 学	xué	*v.*	to learn; to study
6. 汉语	Hànyǔ	*n.*	the Chinese language
7. 法语	Fǎyǔ	*n.*	the French language

Proper noun

● 艾米丽

Àimǐlì

Emily

Classroom Chinese

● Qǐng ānjìng!   Please be quiet.

● Qǐng tīng wǒ shuō!   Please listen to me.

45

Wang Jiaming talks with his father about his friends.

爸 爸： 家 明，你 有 好 朋 友 吗？
bà ba   jiā míng nǐ yǒu hǎo péng you ma

家 明： 有 啊。
jiā míng   yǒu a

爸 爸： 谁 是 你 的 好 朋 友？
bà ba   shéi shì nǐ de hǎo péng you

家 明： 大 卫 是 我 的 好 朋 友，玛 丽 和 艾 米 丽 也 是 我 的
jiā míng   dà wèi shì wǒ de hǎo péng you   mǎ lì hé ài mǐ lì yě shì wǒ de

好 朋 友。
hǎo péng you

爸 爸： 他 们 都 学 汉 语 吗？
bà ba   tā men dōu xué hàn yǔ ma

家 明： 不，艾 米 丽 不 学 汉 语，她 学 法 语。
jiā míng   bù   ài mǐ lì bù xué hàn yǔ   tā xué fǎ yǔ

Notes

1. **"你有好朋友吗？"**

   有，generally equal in meaning to "have" in English, indicates possession. The sentence pattern is usually "person (or thing) + 有 +……".

   他有羽毛球。

2. **"你们都学汉语吗？"**

   都，indicating scope, includes all the people and things mentioned immediately before the word. However, it differs from "all" in English in that 都 must come right after the words it limits.

   大卫和玛丽都是学生。

   学 means "to learn" and is followed by what is to be learned. It can be a noun（学汉语）or a verb（学打羽毛球）.

3. **"玛丽和艾米丽也是我的好朋友。"**

   和，a conjunction, links the names of two people in this sentence. It can link a variety of things, eg. 我和你，学汉语和打羽毛球，etc.

Exercise

On your own: What languages are they studying? Read them aloud.

Hànyǔ

Yīngyǔ

Fǎyǔ

Rìyǔ

Xībānyáyǔ

47

Conversation practice:

1. Make dialogues with a partner according to the pictures.

shūbāo shǒujī qiānbǐ yǎnjìng

2. Substitute names and words to make new dialogues.

A: Nǐ yǒu hǎo péngyou ma?

B: Yǒu a. Wáng Jiāmíng shì wǒ de hǎo péng-
you, Mǎlì yě shì wǒ de hǎo péngyou.

A: Tāmen dōu xué Hànyǔ ma?

B: Shì, tāmen dōu xué Hànyǔ.

(1)	Jim	Emma	xué Fǎyǔ
(2)	Bob	Stanley	xué Rìyǔ
(3)	Linda	Tom	dǎ lánqiú
(4)	Aman	Malee	dǎ wǎngqiú

Class activity: Make a list of items, including classroom objects and your own personal items. Then work with a partner to find out what is on each other's list.

A: Nǐ yǒu ... ma?

B: Yǒu, wǒ yǒu ...

(Méiyǒu, wǒ méiyǒu ...) ①

Game time: Let's make a Chinese paper fan! (See Appendix I)

Phonetics

Sound discrimination							
z	再	c	次	s	四		
zh	中	ch	吃	sh	师	r	日
j	见	q	起	x	谢		

1. Listen to the recording, then choose the syllables you hear.

zì	zhì	jì

zá	zhá	jiá

zǎo	zhǎo	jiǎo

sēn	shēn	xīn

xùn	shùn	sǔn

shǎng	sǎng	xiǎng

xì	sì	shì

jǔ	zǔ	zhǔ

chā	cā	qiā

qū	chū	cī

nǐ	nǔ	nǚ

xù	chù	xì

---

① No, I don't have ...

2. Listen to the recording, read and compare.

rìjì	zázhì	shuǐchí	shīrén	shìshí
lìzhì	zhājì	shuǐqú	xǐrén	sìshí

Learn to write

1. Character structure

米 都 汉 语 法 啊 爸 有

2. Stroke order

(1) Middle strokes precede those on each side.

小　亅 小 小
山　丨 屮 山

(2) Inner strokes precede a sealing stroke.

日　丨 冂 月 日
国　丨 冂 冂 冃 囯 国 国

8 你 有 几 张 中 文 光 盘
nǐ　yǒu　jǐ　zhāng　zhōng　wén　guāng　pán

Look and say

Nǐ yǒu jǐ zhāng Zhōngwén guāngpán?

New words

1. 几	jǐ	*pron.*	how many
2. 张	zhāng	*m.*	*used for flat items like disks, paper, tickets, etc.*
3. 中文	Zhōngwén	*n.*	the Chinese language
4. 光盘	guāngpán	*n.*	disk; CD
5. 这	zhè	*pron.*	this
6. 那	nà	*pron.*	that
7. 多少	duōshao	*pron.*	how many/how much
8. 没有	méiyǒu	*v.*	not to have; don't have

Three boys arrange CDs they have.

家 明： 大 卫， 你 有 几 张 中 文 光 盘？
jiā míng dà wèi nǐ yǒu jǐ zhāng zhōng wén guāng pán

大 卫： 我 有 三 张 中 文 光 盘。
dà wèi wǒ yǒu sān zhāng zhōng wén guāng pán

家 明： 这 是 谁 的 光 盘？
jiā míng zhè shì shéi de guāng pán

大 卫： 这 是 杰 克 的 光 盘。 那 是 我 的 光 盘。
dà wèi zhè shì jié kè de guāng pán nà shì wǒ de guāng pán

家 明： 杰 克， 你 有 多 少 张 中 文 光 盘？
jiā míng jié kè nǐ yǒu duō shao zhāng zhōng wén guāng pán

杰 克： 我 没 有 中 文 光 盘。
jié kè wǒ méi yǒu zhōng wén guāng pán

52

1. "你有几张中文光盘？""你有多少张中文光盘？"

   _jǐ_

   几 and 多少 both indicate an amount. 几 is used to ask about numbers less than ten.

   duōshǎu

   多少 can be used to ask about any amount.

   > A：你有几张画儿？
   >
   > B：我有三张画儿。
   >
   > A：他有多少个朋友？
   >
   > B：他有二十个朋友。

   In this sentence, 张 is a measure word. In Chinese, there must be a measure word between a number or amount and the object it describes. There are many measure words in Chinese and different things have their own specific measure words.

   In Chinese, if the object being described has already been mentioned, the object itself can be omitted from the senctence.

   > 我有三张（光盘）。

2. "这是谁的光盘？"

   这 is an indicative pronoun that can represent a person or a thing. It represents the word "disk" in this sentence.

   zhè _nà_

   There are two indicative pronouns in Chinese: 这 and 那. 这 refers to a person or thing that is close to the speaker, while 那 refers to a person or thing that is far from the speaker.

   > 这是谁的光盘？
   >
   > 那是我们的老师。

   In this sentence, 谁 indicates a question asking about the owner of the disk. In this case, 的 must be added between 谁 and 光盘 to indicate possession.

Exercise

On your own

1. Can you count to ten on one hand?

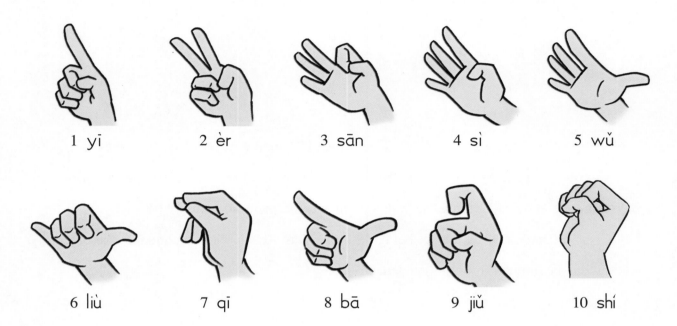

| 1 yī | 2 èr | 3 sān | 4 sì | 5 wǔ |

| 6 liù | 7 qī | 8 bā | 9 jiǔ | 10 shí |

2. Do you know that you have already learned enough Chinese to count to 99?

1	2	3	4	5	6	7	8	9	10
11	12	13	14	15	16	17	18	19	20
21	22	23	24	25	26				30
31	32	33	34	35					40
41	42	43	44						50
51	52	53							60
61	62								70
71									80
81									90
91									100

Conversation practice

1. Make dialogues with a partner according to the pictures.

Nǐ yǒu jǐ zhāng zhǐ?

Wǒ yǒu liǎng zhāng zhǐ.

huàr

guāngpán

zhàopiàn

2.

Nǐ yǒu duōshao gè wénjùhé?

Wǒ yǒu shí'èr gè wénjùhé.

wénjiànjiā

bǐjìběn

shǔbiāo

Class activity: Whose number is it?

Make a list of your classmates' names and phone numbers. Have each student pick one number and read it in Chinese to the class. The student whose number is read should raise his or her hands.

Zhè shì shéi de diànhuà hàomǎ?[①]

Game time: Chinese board game. (See Appendix I)

---

① diànhuà hàomǎ: telephone number

Phonetics

Sound discrimination							
an	en	in	ian	uan	üan	uen	üen
ang	eng	ing	iang	uang		ueng	iong
						ong	

1. Listen to the recording, then read aloud.

tián	xián	suān	nóng	dàn	xiāng
hóng	huáng	lán	chéng	fěn	jīn

2. Listen to the recording, then choose the syllables you hear.

shān shang	rén míng	qiántou	shí jiān
shēn shang	rénmín	quántóu	shìjuàn
xīn shang	línmén	jiāntóu	shíquán

Learn to write

1. Character structure

几	文	少	张	没
光	盘	多	这	

2. Stroke order

长　ノ　一　七　长
好　く　女　女　妁　好
老　一　十　土　耂　老　老

3. Examples of radicals

部件 bù jiàn	甲骨文 jiǎ gǔ wén	金文 jīn wén	小篆 xiǎo zhuàn	楷书 kǎi shū	组字 zǔ zì
弓	⼸	⼸	弓	弓	张
氵	𝈡	𝈡	𝈡	水	没
亻	𝈡	𝈡	𝈡	人	他

Chinese culture

Chinese Folk Song: *Jasmine Flower*

Jasmine Flower is a well-known Chinese folk song with a very long history. It was the first Chinese folk song to be published overseas and quickly grew in popularity all around the world. In 1924, the Italian composer Puccini made the tune of *Jasmine Flower* one of the main elements in his famous opera *Turandot*.

好一朵茉莉花，
hǎo yì duǒ mò lì huā
好一朵茉莉花，
hǎo yì duǒ mò lì huā
满园花开比也比不过它。
mǎn yuán huā kāi bǐ yě bǐ bú guò tā
我有心采一朵戴，
wǒ yǒu xīn cǎi yì duǒ dài
又怕来年不发芽。
yòu pà lái nián bù fā yá
我有心采一朵戴，
wǒ yǒu xīn cǎi yì duǒ dài
又怕来年不发芽。
yòu pà lái nián bù fā yá

What a beautiful jasmine flower, what a beautiful jasmine flower.

Of all the fragrant flowers in the garden, none are as fragrant.

I want to pluck it and wear it.

But I'm afraid it wouldn't bud again next year.

茉莉花

mò lì huā

中国民歌

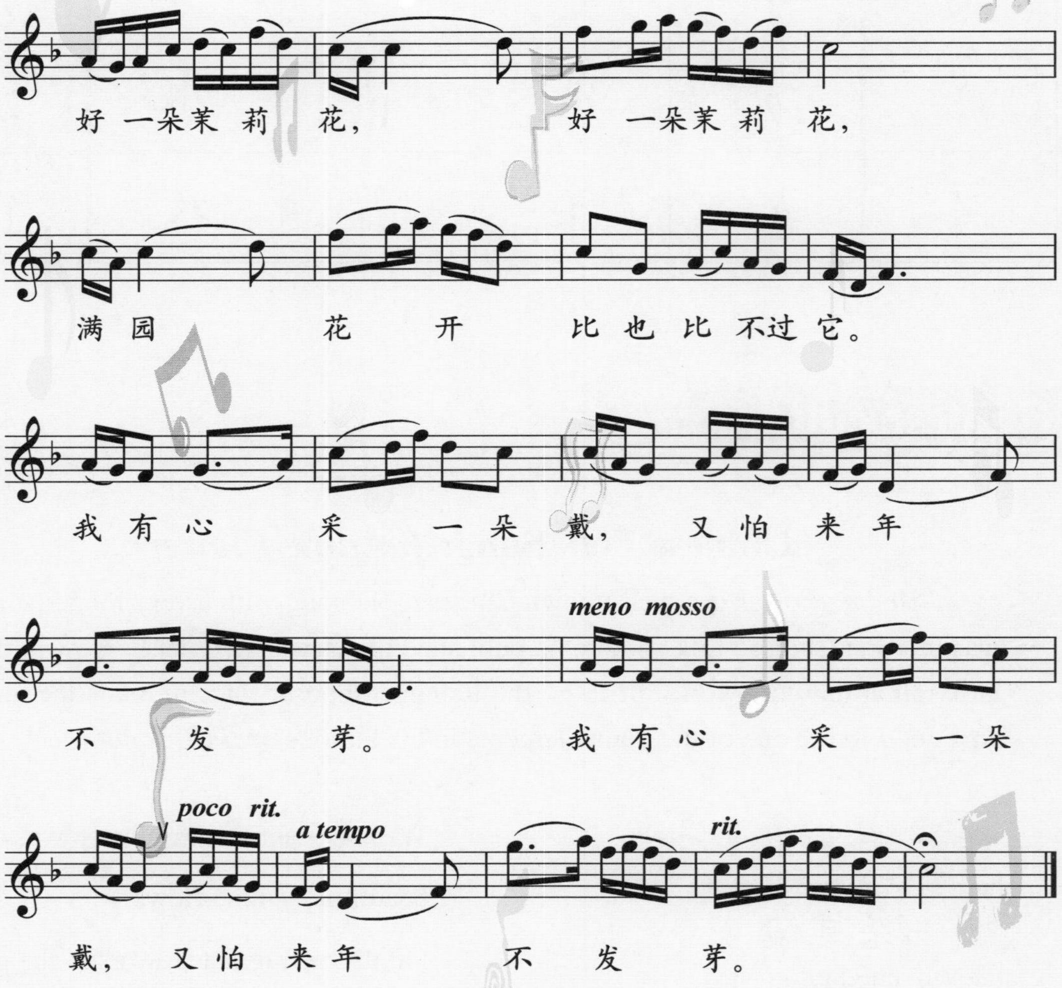

好一朵茉莉 花，好 一朵茉莉 花，
满园 花 开 比也比不过它。
我有心 采 一朵 戴，又怕来年
meno mosso
不 发 芽。我有心 采 一朵
poco rit.
a tempo
rit.
戴，又怕来年 不 发 芽。

祝 你 生 日 快 乐
zhù nǐ shēng rì kuài lè

Look and say

Zhù nǐ shēngrì kuàilè!

New words

1. 祝   zhù   *v.*   to offer good wishes; to wish

2. 生日 shēngrì *n.*   birthday

3. 快乐 kuàilè   *adj.* happy; joyous

4. 您   nín   *pron.* polite form of "you" (singular)

5. 找   zhǎo   *v.*   to find; to look for

6. 在   zài   *v.*   to be

7. 这里 zhèlǐ   *pron.* here

8. 哪里 nǎlǐ   *pron.* where

Classroom Chinese

- Qǐng zhùyì!   Pay attention, please.

- Qǐng fāndào dì ... yè.   Please turn to page...

At twelve o'clock, David, Jack, and Mary prepare a surprise birthday party for Wang Jiaming. When Wang Jiaming enters the classroom, he only sees Mrs. Lin.

王 家 明：林 老 师，您 好！
wáng jiā míng lín lǎo shī nín hǎo

林 老 师：你 找 谁？
lín lǎo shī nǐ zhǎo shéi

王 家 明：我 找 大 卫 和 玛 丽。
wáng jiā míng wǒ zhǎo dà wèi hé mǎ lì

林 老 师：他 们 不 在 这 里。
lín lǎo shī tā men bú zài zhè lǐ

王 家 明：他 们 在 哪 里？
wáng jiā míng tā men zài nǎ lǐ

Soon after, David, Jack and Mary enter the classroom with a birthday cake.

大 卫、杰 克、玛 丽：
dà wèi jié kè mǎ lì

我 们 在 这 里！
wǒ men zài zhè lǐ

祝 你 生 日 快 乐！
zhù nǐ shēng rì kuài lè

Notes

1. "他们不在这里。"

   在 is a verb that indicates the location of people or things.

   玛丽在教室里。

2. "他们不在这里。""他们在哪里？"

   这里 is an indicative pronoun indicates the location. 这里 is used when it is close and 那里 is used when it is distant.

   我的光盘在这里。

   你的篮球在那里。

   哪里 is used in a question to ask about the location of people or things.

   他在哪里？

3. "您好！"

   您 is a personal pronoun used to address the elderly or people in a position of respect, such as one's teacher.

Exercise

On your own: Read aloud.

A: Jiékè hé Mǎlì zài nǎlǐ?

B: Tāmen zài nàlǐ.

A: Wǒ de wénjùhé zài nǎlǐ?

B: Nǐ de wénjùhé zài zhèlǐ.

A: Wǒ de qiānbǐ zài nǎlǐ?

B: Nǐ de qiānbǐ bú zài zhèlǐ.

A: Wǒ de qiánbāo zài nǎlǐ?

B: Nǐ de qiánbāo bú zài zhèlǐ.

Conversation practice: Substitute names and words to make new dialogues.

1.

> (1) wénjùhé
>
> (2) qiānbǐ
>
> (3) Zhōngwén guāngpán

A: Nǐ zhǎo shénme?　　B: Wǒ zhǎo wǒ de qiánbāo.

A: Nǐ de qiánbāo zài zhèlǐ.　　B: Xièxie nǐ!

A: Bú kèqi!

2.

A: Nǐ zhǎo shéi?

B: Wǒ zhǎo Wáng Jiāmíng hé Mǎlì.

A: Tāmen bú zài zhèlǐ.

B: Tāmen zài nǎlǐ?

A: Wǒ yě bù zhīdào.①

> | | | |
> |---|---|---|
> | (1) Emma | Linda |
> | (2) Jim | Sam |
> | (3) Wáng xiàozhǎng | Lín lǎoshī |

① Wǒ yě bù zhīdào: I don't know, either.

Class activity

Make a birthday card in Chinese for someone you know whose birthday is coming soon.

Phonetics

Tone sandhi

1. The third tone

   (1) Listen to the recording and read aloud.

lǎoshī	yǔmáo	nǐ hǎo	bǐsà
jǐnzhāng	dǎ rén	nǎlǐ	Mǎlì

   (2) Listen to the recording, then choose the syllables you hear.

bāoyáng	lǐyù	yǐngxiàng
bǎoyǎng	lǐyú	yǐngxiǎng

xìxì	xiǎo jiě	fǎngzhǐ
xǐxǐ	xiǎo jié	fǎngzhì

2. " 一 "

   Listen to the recording and read aloud.

yìbiān	yìzhí	yì zǎo	yídìng
yìshēng	yì nián	yìqǐ	yíqiè
yì zhī jī	yì jié kè	yì kǒu rén	yí liàng chē

3. "不"

Listen to the recording and read aloud.

bù'ān	bùguāng	bùdān
bùchéng	bùhé	bùrán

bùjǐn	bùxǔ	bùmǎn
búxiào	búshì	búyào

Learn to write

1. Character structure

乐	日	里	找	和
哪	祝	快	您	在

2. Stroke order

米 `丶 丷 丷 半 米 米`

的 `丿 亻 白 白 白 的 的`

是 `丨 口 日 日 旦 早 是 是`

3. Examples of radicals

部 件 bù jiàn	甲 骨 文 jiǎ gǔ wén	金 文 jīn wén	小 篆 xiǎo zhuàn	楷 书 kǎi shū	组 字 zǔ zi
礻	T		示	示	祝
忄		屮	屮	心	快
豕	丯	丯	豕	豕	家
子	子	子	子	子	好

The Chinese Zodiac

The traditional Chinese calendar assigns a different animal to each year in a twelve-year cycle, known as the "twelve zodiac signs" （十二生肖）. The twelve animals used are the rat, the ox, the tiger, the rabbit, the dragon, the snake, the horse, the goat, the monkey, the roaster, the dog and the pig in that order.

1996 2008	1997 2009	1998 2010	1999 2011
2000 2012	2001 2013	2002 2014	2003 2015
2004 2016	2005 2017	2006 2018	2007 2019

65

10 今天我很高兴
jīn tiān wǒ hěn gāo xìng

Look and say

New words

1. 今天	jīntiān	n.	today
2. 很	hěn	adv.	very
3. 高兴	gāoxìng	adj.	happy; glad; cheerful
4. 跟	gēn	prep.	with
5. 一起	yìqǐ	n.	together
6. 吃	chī	v.	to eat; to take
7. 蛋糕	dàngāo	n.	cake
8. 听	tīng	v.	to listen (to)
9. 音乐	yīnyuè	n.	music
10. 大家	dàjiā	pron.	all; everybody

Classroom Chinese

- Qǐng dàshēng shuō!   Please say it louder.

Wang Jiaming makes phone call with his friend.

今天是我的生日。我跟朋友们在一起。我们吃蛋糕，听音乐。大家都很高兴，我也很高兴。

Jīntiān shì wǒ de shēngrì.
Wǒ gēn péngyoumen zài yìqǐ.
Wǒmen chī dàngāo, tīng yīnyuè.
Dàjiā dōu hěn gāoxìng, wǒ yě hěn gāoxìng.

Notes

1. "我跟朋友们在一起。"

   跟 is used to indicate two things or people that are together. The sentence pattern used for 跟 is " 跟 + person + verb".

   我跟杰克打篮球。

   他跟老师在一起。

2. "大家都很高兴。"

   (1) 大家 is an inclusive personal pronoun that refers to all people being discussed or addressed.

   大家都学汉语。

   Depending on the context, 大家 may include the speaker, eg. 我们大家 , or exclude the speaker, eg. 你们大家 and 他们大家 .

   (2) 很 is an adverb used very often in Chinese that indicates the adjective that follows it is to a high degree.

   我很快乐！

   今天很热。

   (3) 高兴 is an adjective that describes a person's feelings. In Chinese, an adjective can be

placed directly after a noun to describe a state of affairs. A word indicating degree, such as 很,
is usually added between the noun and the adjective.

他很高兴。

这个篮球很新。

Exercise

On your own: Match the following foods with their *pinyin*.

dàngāo

mǐfàn
(rice)

bǐsàbǐng
(pizza)

qiǎokèlì
(chocolate)

Conversation practice: Substitute the alternate words to make new dialogues.

A: Tā gēn shéi zài yìqǐ?

B: Tā gēn péngyoumen zài yìqǐ.

  Tāmen dōu hěn gāoxìng.

(1) bàba

(2) xuéshēngmen

Class activity: What songs do you like?

Ask your classmates about their favorite songs. Tell your answer in Chinese.

Tā ài^① tīng _____ . Tā ài tīng _____ .

Tāmen dōu ài tīng _____ .

Phonetics

| The light tone |

1. Listen to the recording's examples of the light tone.

xiānsheng	gūniang	xiūxi	zhuōzi

liángshi	luóbo	xíngli	fángzi

jiǎozi	mǎhu	ěrduo	wǒ de

kùnnan	dòufu	piàoliang	huài de

2. Listen to the recording and read the words below to compare the different pronunciations.

rénjiā	dàyì	dìdào	shízài	jīngshén	mǎimài
rénjia	dàyi	dìdao	shízai	jīngshen	mǎimai

3. Listen to the recording and read aloud.

gēge	dìdi	yéye	nǎinai
tóufa	méimao	bízi	gēbo
shénme	zěnme	xíng ma	tā ne
xièxie	chángchang	xiūxi xiūxi	

① ài: like; love

69

Learn to write

1. Character structure

天	一	吃	糕	听	很
今	蛋	音	兴	高	起

2. Stroke order

克　一　十　六　古　古　声　克

练　ㄥ　纟　纟　纟　纩　练　练　练

都　一　十　土　耂　耂　者　者　者　都　都

3. Examples of radicals

部　件 bù　jiàn	甲　骨　文 jiǎ　gǔ　wén	金　文 jīn　wén	小　篆 xiǎo　zhuàn	楷　书 kǎi　shū	组　字 zǔ　zì
米	 ⺍		 米	米	糕
走		 夲	 赱	走	起
虫	 𧈲	 虫	 虫	虫	蛋

UNIT SUMMARY

FUNCTIONAL USAGE

1. Inquiring about someone's identity

他　是　谁?
tā　shì　shéi

2. Talking about friends

你 有 好 朋 友 吗?
nǐ　yǒu　hǎo　péng　you　ma

谁 是 你 的 好 朋 友?
shéi　shì　nǐ　de　hǎo　péng　you

3. Inquiring about the quantity

你 有 几 张 中 文 光 盘?
nǐ　yǒu　jǐ　zhāng　zhōng　wén　guāng　pán

他 有 多 少 个 朋 友?
tā　yǒu　duō　shao　gè　péng　you

4. Looking for someone

他 们 在 哪 里?
tā　men　zài　nǎ　lǐ

5. Expressing mood and feelings

今 天 我 很 高 兴。
jīn　tiān　wǒ　hěn　gāo　xìng

71

GRAMMAR FOCUS

Sentence pattern	Example(s)
1. ……是 谁 　　　shì shéi	他 是 谁? tā shì shéi
2. ……（没）有 …… 　　　méi yǒu	我 有 好 朋 友。 wǒ yǒu hǎo péng you 我 没 有 好 朋 友。 wǒ méi yǒu hǎo péng you
3. 几 …… 　 jǐ	你 有 几 张 中 文 光 盘? nǐ yǒu jǐ zhāng zhōng wén guāng pán 我 有 六 张 中 文 光 盘。 wǒ yǒu liù zhāng zhōng wén guāng pán
4. ……在 …… 　　　zài	他 们 在 这 里。 tā men zài zhè lǐ 他 们 不 在 这 里。 tā men bú zài zhè lǐ
5. ……和 …… 　　　hé	大 卫 和 玛 丽 在 哪 里? dà wèi hé mǎ lì zài nǎ lǐ
6. 跟 ……在 一 起 　gēn　　zài yì qǐ	我 跟 同 学 们 在 一 起。 wǒ gēn tóng xué men zài yì qǐ
7. ……很 高 兴 　　　hěn gāo xìng	玛 丽 很 高 兴。 mǎ lì hěn gāo xìng
8. ……也 …… 　　　yě	王 家 明 也 很 高 兴。 wáng jiā míng yě hěn gāo xìng
9. ……都 …… 　　　dōu	我 们 都 很 高 兴。 wǒ men dōu hěn gāo xìng

STROKE ORDER

stroke order	examples
(1) Horizontal strokes precede crossing vertical or downward strokes.	王　大　十
(2) From top to bottom.	三　客　家
(3) From left to right.	你　打　球
(4) Middle strokes precede those on each side.	小　水
(5) From outside to inside.	日　月　同
(6) Inner strokes precede the sealing stroke.	日　国

Unit Three

Look and say

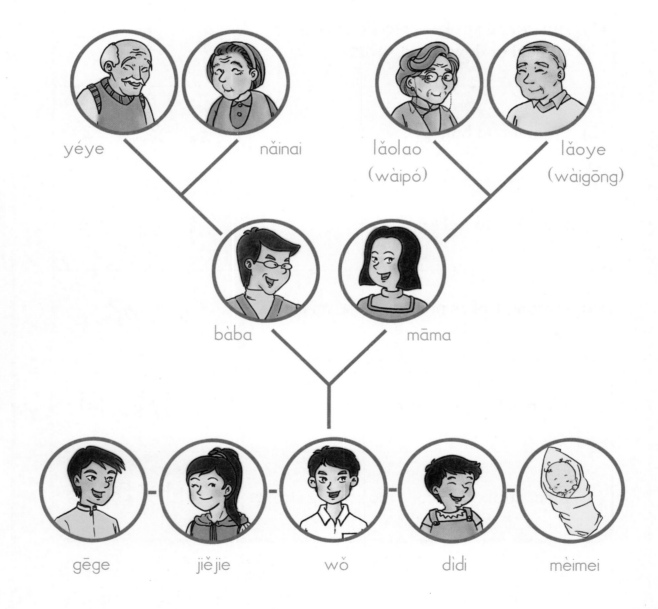

yéye nǎinai lǎolao (wàipó) lǎoye (wàigōng)

bàba māma

gēge jiějie wǒ dìdi mèimei

yì zhī gǒu

liǎng zhāng guāngpán

sān kuài qián

sì kǒu rén

11 你 多 大
nǐ duō dà

Look and say

Nǐ duō dà?

New words

1. 多大　　　duō dà　　　　　　　　　how old

2. 岁　　　　suì　　　　　*m.*　　　　year (of age)

3. 呢　　　　ne　　　　　*part.*　　used at the end of an interrogative sentence

4. 妹妹　　　mèimei　　　*n.*　　　younger sister

5. 小学生　　xiǎoxuéshēng　*n.*　　elementary school student

David and Wang Jiaming chat on their way home.

家 明： 大 卫， 你 多 大？
jiā míng   dà wèi   nǐ duō dà

大 卫： 我 15 岁。 你 呢？
dà wèi   wǒ shí wǔ suì   nǐ ne

家 明： 我 14 岁。 你 有 没 有 妹 妹？
jiā míng   wǒ shí sì suì   nǐ yǒu méi yǒu mèi mei

大 卫： 有。
dà wèi   yǒu

家 明： 她 几 岁？ 是 不 是 小 学 生？
jiā míng   tā jǐ suì   shì bu shì xiǎo xué shēng

大 卫： 她 8 岁。 是 小 学 生。
dà wèi   tā bā suì   shì xiǎo xué shēng

77

Notes

1. "你多大？"

多大 is used to ask about a person's age, usually addressed to a person who is younger than the speaker. 几岁 is used to ask about the age of a child under ten years of age.

你的弟弟几岁？

2. "你有没有妹妹？"

有没有 is used to indicate a question. The answer to the question should contain either 有 or 没有.

A: 你有没有中文光盘？

B: 我没有（中文光盘）。

3. "我 15 岁。"

This sentence is used to inform others one's own age. There is no verb needed in the sentence. 我 is the subject and 15 岁 is the modifier.

Exercise

On your own: Make questions according to the pictures.

A: 他 是 不 是 老 师？
　　tā shi bu shi lǎo shī

B: 是，他 是 老 师。
　shì tā shì lǎo shī

A: 他 _____？
　　tā

B: 是，他 是 中 学 生。
　shì tā shì zhōng xué shēng

A: 她 们 _____？
　　tā men

B: 是，她 们 是 好 朋 友。
　shì tā men shì hǎo péng you

78

Conversation practice: Substitute the words to make new dialogues.

Nǐ yǒu méiyǒu qiānbǐ?

Yǒu.

Xièxie.

Class activity

Do you want to know more about your classmates? Use Chinese to take a survey and find out how old they are, then make a pie chart with the results.

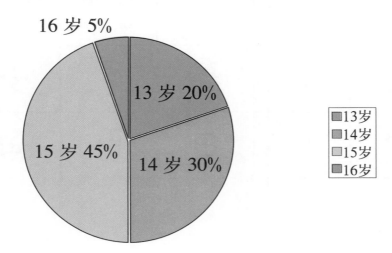

16 岁 5%

13 岁 20%

15 岁 45%

14 岁 30%

■13岁
■14岁
■15岁
■16岁

 **Phonetics**

Listen to the recording, then complete the following exercises.

(1) Retell what you hear.

(2) Answer these questions: How old is the girl? How old is Jack?

    Is Jack going to eat cake? Is the girl going to eat cake?

 Learn to write

1. Character structure

小	妹	岁

2. Stroke order

再　一　丁　厅　丙　丙　再

光　丨　丬　丬　屮　半　光

朋　丨　冂　月　月　日　明　明　明

3. Examples of radicals

部　件 bù　jiàn	甲　骨　文 jiǎ　gǔ　wén	金　文 jīn　wén	小　篆 xiǎo　zhuàn	楷　书 kǎi　shū	组　字 zǔ　zì
女	𡜍	𡥏	虎	女	妹
田	田	田	田	田	里

80

Chinese Culture of Family

In traditional Chinese society, a household with four generations living togethger used to be common and was known as "four-generations under one roof". However, because of recent population control policies, the "three-member family" has become the universal model in modern China. Due to recent adjustments of the population control policy, we may see more and more "four-member families" in the future.

12 你 从 哪 里 来
nǐ cóng nǎ lǐ lái

Look and say

Nǐ cóng nǎlǐ lái?

New words

1. 从   cóng   *prep.*   from
2. 来   lái   *v.*   to come
3. 姓   xìng   *v.*   to be surnamed
4. 欢迎 huānyíng *v.*   to welcome
5. 家   jiā   *n.*   home
6. 玩   wán   *v.*   to play

Proper noun

● 中国   Zhōngguó
           China

● 张小美 Zhāng Xiǎoměi
           Zhang Xiaomei

Mary talks with her new neighbor in the yard.

玛 丽： 你 好， 你 叫 什 么 名 字？
mǎ lì nǐ hǎo nǐ jiào shén me míng zi

邻 居： 我 姓 张， 我 叫 张 小 美。 你 呢？
lín jū wǒ xìng zhāng wǒ jiào zhāng xiǎo měi nǐ ne

玛 丽： 我 叫 玛 丽。 你 从 哪 里 来？
mǎ lì wǒ jiào mǎ lì nǐ cóng nǎ lǐ lái

邻 居： 我 从 中 国 来。 欢 迎 你 来 我 家 玩！
lín jū wǒ cóng zhōng guó lái huān yíng nǐ lái wǒ jiā wán

Notes

1. **"你呢？"**

   This is an abbreviated question formed by a noun or pronoun and 呢 . The content of the question must have already been mentioned.

   我喜欢学汉语，你呢？

   你去打羽毛球，杰克呢？

2. **"你从哪里来？"**

   The combination of 从 and 哪里 form a question. To answer the question, replace 哪里 with the name of a place. This structure often ends with the verb 来 .

   A: 你从哪里来？

   B: 我从北京来。

3. **"你叫什么名字？"**

   When we ask about someone's name, we can say either 你叫什么 or 你叫什么名字. 什么 can also be used to ask about other nouns, e.g. 什么球 , 什么光盘 , etc.

Exercise

On your own: Read aloud.

84

Huānyíng nǐ lái
wǒ jiā wán!

Huānyíng nǐ lái
wǒmen xuéxiào!

Conversation practice: Substitute the alternate words to make new dialogues.

A: 你 姓 什 么?
 nǐ xìng shén me

B: 我 姓 张。
 wǒ xìng zhāng

A: 你 从 哪 里 来?
 nǐ cóng nǎ lǐ lái

B: 我 从 中 国 来。
 wǒ cóng zhōng guó lái

Smith

Brown

Jones

Martin

美 国
měi guó

加 拿 大
jiā ná dà

英 国
yìng guó

法 国
fǎ guó

Class activity: Tracing your family roots.

1. Go around the room and ask your classmates the questions below. After you've done, share what you've learned with the class.

Nǐ cóng nǎlǐ lái?

Nǐ de bàba、 māma cóng nǎlǐ lái?

Tāmen jiào shénme míngzi?

Nǐ de yéye、 nǎinai、 lǎoye、 lǎolao cóng nǎlǐ lái?

Tāmen jiào shénme míngzi?

爸爸	bàba	father
妈妈	māma	mother
爷爷	yéye	(paternal) grandfather
奶奶	nǎinai	(paternal) grandmother
姥爷（外公）	lǎoye (wàigōng)	(maternal) grandfather
姥姥（外婆）	lǎolao (wàipó)	(maternal) grandmother

2. Try to identify which is the family name and which is the given name for each of the names listed below. Can you tell the difference between Western and Chinese names?

Western names
David Alan Miller
Susan Black
William Taylor
Bobby Lee Davis
Charlotte Baubion

Chinese names
Qián Jié (钱杰)
Lǐ Jiāměi (李家美)
Lín Měiyuè (林美月)
Wáng Jiāmíng (王家明)
Wáng Yuèyue (王月月)

Phonetics

1. Listen to the recording, then answer the following questions.
   (1) Where is Wang Jiaming from?
   (2) Does the girl want Wang Jiaming to drop by her home?

2. Read the following ancient Chinese poem aloud.

床　前　明　月　光，
chuáng qián míng yuè guāng

疑　是　地　上　霜。
yí　shì　dì　shang shuāng

举　头　望　明　月，
jǔ　tóu wàng míng yuè

低　头　思　故　乡。
dī　tóu　sī　gù　xiāng

（唐·李白《静夜思》）

Bright moon light before my bed.
Seems like frost upon the floor.
I raise my head and watch the moon.
Then lower it and think of home.

 Can you sing it?

思　念
sī niàn

乔 羽 词
谷建芬 曲

你 从 哪 里 来？ 我 的 朋 友，

好 像 一 只 蝴 蝶，

飞 进 我 的 窗 口。 不 知 能

做 几 日 停 留， 我 们 已 经

分 别 得 太 久 太 久。

Learn to write

1. Character structure

来	姓	呢	从	欢	玩
名	字	美	迎	国	

2. Stroke order

来　一　一　二　二　平　来　来

迎　′　ㄈ　白　卬　卬　迎　迎

美　′　丷　丷　羊　关　羊　羊　美　美

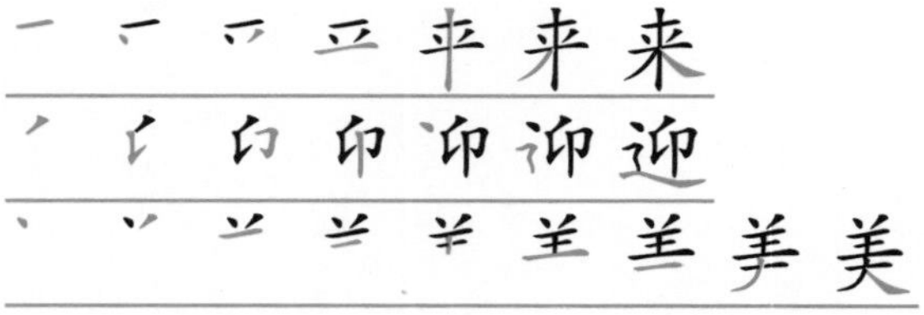

3. Examples of radicals

部 件 bù jiàn	甲 骨 文 jiǎ gǔ wén	金 文 jīn wén	小 篆 xiǎo zhuàn	楷 书 kǎi shū	组 字 zǔ zì
宀	 ∧		 冂	宀	家
口			 口	口	国
玉	 丰	王	王	玉	国

88

13 我住在柏树街
wǒ zhù zài bǎi shù jiē

Look and say

New words

1. 住   zhù   *v.*   live; reside
2. 在   zài   *prep.*   *indicates where a person or thing is*
3. 店员   diànyuán   *n.*   shop assistant
4. 喂   wèi   *interj.*   Hello? ①
5. 比萨饼   bǐsàbǐng   *n.*   pizza
6. (商)店   (shāng)diàn   *n.*   store; shop
7. 请问   qǐngwèn   May I ask...? / Excuse me, ...?
8. 要   yào   *v.*   to want; would like (to)
9. 份   fèn   *m.*   *used for a portion of food*
10. 号   hào   *n.*   number in a series
11. 好   hǎo   *adj.*   okay; all right
12. 马上   mǎshàng   *adv.*   right away; immediately
13. 到   dào   *v.*   arrive

Proper noun

- 柏树街   Bǎishù Jiē   Cypress Street

---

① Used when answering phone calls.

Wang Jiaming orders a pizza.

店 员：喂，比 萨 饼 店。请 问 您 要 什 么？
diàn yuán　wèi　bǐ　sà bǐng diàn　qǐng wèn nín yào shén me

家 明：我 要 一 份 比 萨 饼。
jiā míng　wǒ yào yí fèn bǐ　sà　bǐng

店 员：您 住 在 哪 里？
diàn yuán　nín zhù zài nǎ　lǐ

家 明：我 住 在 柏 树 街 54 号。
jiā míng　wǒ zhù zài bǎi shù jiē　wǔ shí sì　hào

店 员：好，马 上 到。
diàn yuán　hǎo　mǎ shàng dào

1. **"您要什么？"**

   要 refers to what one wants, and is often used when ordering at a restaurant. 要 can be followed by 什么 to form a question. To answer the question one needs only to tell directly what one wants.

   > A: 你要什么？
   >
   > B: 我要一份牛排。

2. **"我住在柏树街 1154 号。"**

   The sentence pattern "住在 + place" is used to say where someone lives and can also be used in a question. To make it negative, add 不 before 住在 .

   > A: 你住在北京吗？
   >
   > B: 不，我不住在北京，我住在上海。

Exercise

On your own: Make dialogues with a partner according to the pictures.

1.

一 张 光 盘
yì zhāng guāng pán

一 块 手 表
yí kuài shǒu biǎo

① kāfēi: coffee

2.

王　府　井　大　街　138　号
wáng　fǔ　jǐng　dà　jiē　yì bǎi sān shí bā hào

南　京　东　路　830　号
nán　jīng　dōng　lù　bā bǎi sān shí　hào

Conversation practice: Substitute the alternate words to make new dialogues.

A：请 问，您 要 什 么？
　　qǐng wèn　nín　yào shén me

B：我 要 4 份 比 萨 饼。
　　wǒ yào　sì fèn　bǐ　sà bǐng

A：您 住 在 哪 里？
　　nín　zhù zài　nǎ　lǐ

B：我 住 在 15 街　89　号。
　　wǒ zhù zài　shí wǔ　jiē　bā shí jiǔ hào

A：好，马 上 到。
　　hǎo　mǎ shàng dào

---
① 沙拉：salad

(1) 2 份 蛋 糕	15 街	25 号
liǎng fèn dàn gāo	shí wǔ jiē	èr shí wǔ hào
(2) 3 份 沙 拉①	6 街	56 号
sān fèn shā lā	liù jiē	wǔ shí liù hào
(3) 4 杯 咖 啡	7 街	99 号
sì bēi kā fēi	qī jiē	jiǔ shí jiǔ hào

Class activity

Talk about your family member's or friends' address with a partner.

A: _____ 家 住 在 哪 里?
　　　　　　jiā zhù zài nǎ lǐ

B: _____ 家 住 在_____ 。
　　　　　　jiā zhù zài

Phonetics

1. Listen to the recording, then answer the following questions.

　　(1) Where is the man who is speaking?

　　(2) How many pieces of pizza does the woman want?

　　(3) Where does the woman live?

2. Read the following riddle aloud and try to guess the answer.

高 山 不 见 土,
gāo shān bú jiàn tǔ

平 地 不 见 田。
píng dì bú jiàn tián

似 海 没 有 水,
sì hǎi méi yǒu shuǐ

世 界 在 眼 前。
shì jiè zài yǎn qián

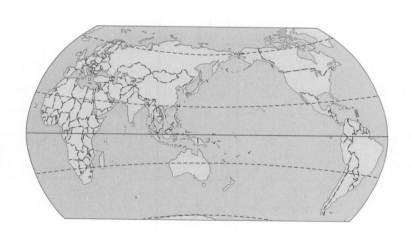

No soil on the mountain, no fields on the plain.
Like seas without water, but the world can be seen.

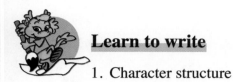

Learn to write

1. Character structure

马	上	比	喂	饼	请
份	住	柏	到	树	街
萨	员	号	要	店	问

2. Stroke order

马　フ 马 马

要　一 ﾌ 一 一 一 一 西 西 要 要 要

街　ノ ク 彳 彳 彳 彳 徉 往 往 往 街 街

3. Examples of redicals

部　件 bù　jiàn	甲　骨　文 jiǎ　gǔ　wén	金　文 jīn　wén	小　篆 xiǎo　zhuàn	楷　书 kǎi　shū	组　字 zǔ　zì
讠	 𖠃	 𖠃	 𥄂	言	语
口	 𠙵	𠙵	 𠙵	口	吃
匕	 𠤎	 𠤎	 𠤎	匕	比

Beijing

Beijing is the current capital of China, and has been so for more than eight hundred years and across four dynasties. It is the second largest city in China with a population of over twenty million people. A world-renowned cultural and tourism center and one of the "big four ancient capitals" of China, Beijing is home to six UNESCO World Heritage sites, and places rich in historical significance and natural beauty can be found in every part of the city.

14 你 家 有 几 口 人
nǐ jiā yǒu jǐ kǒu rén

Look and say

Nǐ jiā yǒu jǐ kǒu rén?

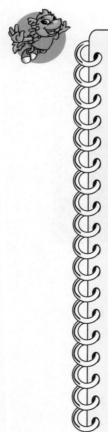

New words

1. 口	kǒu	*m.*	*used for the number of family members*
2. 人	rén	*n.*	person; people
3. 爸爸	bàba	*n.*	dad; father
4. 妈妈	māma	*n.*	mom; mother
5. 哥哥	gēge	*n.*	elder brother
6. 大	dà	*adj.*	big
7. 只	zhī	*m.*	*used for the number of animals*
8. 狗	gǒu	*n.*	dog
9. 它	tā	*pron.*	it
10. 漂亮	piàoliang	*adj.*	beautiful; pretty
11. 还	hái	*adv.*	and; as well; also; too
12. 小	xiǎo	*adj.*	small; little
13. 猫	māo	*n.*	cat
14. 两	liǎng	*num.*	two; both

While at Wang Jiaming's house, David looks at a picture above the fireplace.

大卫：你 家 有 几 口 人？
dà wèi　nǐ　jiā　yǒu　jǐ　kǒu　rén

家明：我 家 有 三 口 人。爸 爸、妈 妈 和 我。你 家 呢？
jiā míng　wǒ　jiā　yǒu　sān　kǒu　rén　bà　ba　mā　ma　hé　wǒ　nǐ　jiā　ne

大卫：我 家 有 五 口 人。爸 爸、妈 妈、哥 哥、妹 妹，
dà wèi　wǒ　jiā　yǒu　wǔ　kǒu　rén　bà　ba　mā　ma　gē　ge　mèi　mei

还 有 我。
hái　yǒu　wǒ

家明：你 有 没 有 狗？
jiā míng　nǐ　yǒu　méi　yǒu　gǒu

大卫：有，我 有 一 只 大 狗。
dà wèi　yǒu　wǒ　yǒu　yì　zhī　dà　gǒu

家明：它 漂 亮 不 漂 亮？
jiā míng　tā　piào liang　bú　piào liang

大卫：很 漂 亮。我 家 还 有 一 只 小 猫。
dà wèi　hěn　piào liang　wǒ　jiā　hái　yǒu　yì　zhī　xiǎo　māo

家明：小 猫 几 岁？
jiā míng　xiǎo　māo　jǐ　suì

大卫：两 岁。
dà wèi　liǎng　suì

97

Notes

1. "你家有几口人？""我有一只大狗。"

   In this sentence, 口 and 只 are measure words, like 张 in lesson 8. 口 is a measure word for people and 只 is used for certain animals, e.g. 一只兔子 , 一只老虎 , 一只鸡 etc. However, not all animals use 只 as their measure word.

2. "爸爸、妈妈、哥哥、妹妹，还有我。"

   In this sentence, 还 indicates something in addition to what has already been mentioned.

   我要一份比萨饼，还要一份沙拉。

   我有弟弟，还有妹妹。

3. "它两岁。"

   两 and 二 both mean two, but they are used in different ways. 两 is used when followed by a measure word.

   我要两张光盘。

   二 is used in numbers with two or more digits, e.g. 三十二 , 二十五 etc.

Exercise

On your own: Read and write.

yī	一	1
èr	二	2
sān	三	3
sì	四	4
wǔ	五	5

liù	六	6
qī	七	7
bā	八	8
jiǔ	九	9
shí	十	10

Conversation practice: Complete the following sentences and practice with a partner.

A: 这 只 狗 大 吗?
zhè zhī gǒu dà ma

B: 这 只 狗 很 大。
zhè zhī gǒu hěn dà

A: 这 只 猫 大 吗?
zhè zhī māo dà ma

B: 这 只 猫 不 大, 它 很 小。
zhè zhī māo bú dà tā hěn xiǎo

A: 这 只 狗 大 吗?
zhè zhī gǒu dà ma

B: _____。

A: 这 只 猫 是 两 岁 吗?
zhè zhī māo shì liǎng suì ma

B: _____。

Class activity: My family

Interview your classmates to find out how many people are in their families.

Phonetics

1. Listen to the recording, then answer the following questions.

   (1) How many brothers does Tom have?

   (2) Does Tom have any sisters?

   (3) How many people are in the girl's family?

   (4) How many cats and dogs does the girl have?

2. Read the following ancient Chinese poem aloud.

入 春 才 七 日,
rù chūn cái qī rì

离 家 已 二 年。
lí jiā yǐ èr nián

人 归 落 雁 后,
rén guī luò yàn hòu

思 发 在 花 前。
sī fā zài huā qián

（隋 · 薛道衡《人日思归》）

It's only the seventh day of new spring,
And I have been abroad for two years now.
Oh, I'll be home later than geese homing,
My yearning buds ere flowers anyhow.

99

Learn to write

1. Character structure

口	人	三	五	两	妈	狗
猫	漂	哥	只	亮	还	

2. Stroke order

两 一 厂 厅 丙 丙 两 两

狗 丿 亅 犭 犭 狗 狗 狗 狗

哥 一 厂 厅 豆 可 可 哥 哥 哥 哥

3. Examples of radicals

部 件 bù jiàn	甲 骨 文 jiǎ gǔ wén	金 文 jīn wén	小 篆 xiǎo zhuàn	楷 书 kǎi shū	组 字 zǔ zì
犭				犬	狗
夕				夕	岁

Chinese Currency

Chinese *yuan*, also known as *Renminbi*, is used throughout mainland China. In some parts of China, *yuan* is called *kuai* and *jiao* is called *mao*. Chinese money is issued in denominations of one, two, five, ten, twenty, fifty, and one hundred *yuan*. *Jiao* and *fen* coins are both issued in denominations of ones, twos, and fives.

10 *fen*=1 *jiao*　　　　10 *jiao*=1 *yuan*

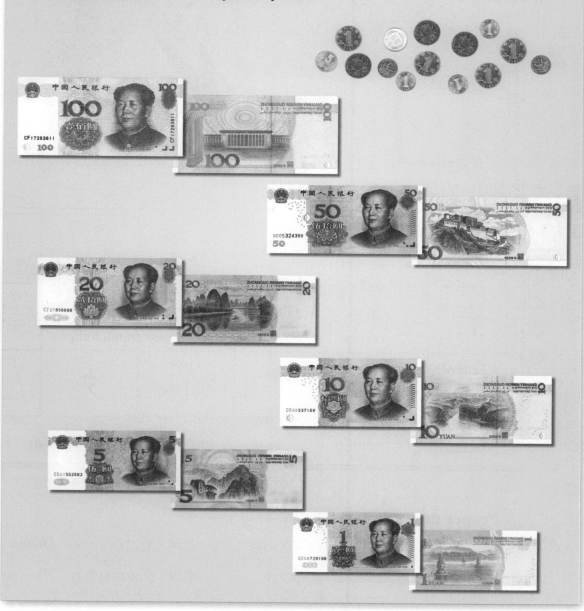

15 我 爸 爸 是 医 生
wǒ bà ba shì yī shēng

Look and say

New words

1. 医生	yīshēng	*n.*	doctor
2. 弟弟	dìdi	*n.*	younger brother
3. 爷爷	yéye	*n.*	(paternal) grandfather
4. 奶奶	nǎinai	*n.*	(paternal) grandmother
5. 喜欢	xǐhuan	*v.*	to like
6. 邻居	línjū	*n.*	neighbor
7. 可是	kěshì	*conj.*	but; however
8. 它们	tāmen	*pron.*	they; them (thing or animal)

Proper nouns

•	温哥华	Wēngēhuá	Vancouver	•	大黄	Dàhuáng	Dahuang
•	芝加哥	Zhījiāgē	Chicago	•	小黄	Xiǎohuáng	Xiaohuang

102

Mary introduces her family.

我家有五口人，爸爸、妈妈、弟弟、妹妹和我。我们住在温哥华。我爸爸是医生。我还有爷爷和奶奶，他们不住在温哥华，他们住在芝加哥。我还有两只狗，叫大黄和小黄，它们很喜欢我的邻居，可是我的邻居不喜欢它们。

Wǒ jiā yǒu wǔ kǒu rén, bàba, māma, dìdi, mèimei hé wǒ. Wǒmen zhù zài Wēngēhuá. Wǒ bàba shì yīshēng. Wǒ hái yǒu yéye hé nǎinai, tāmen bú zhù zài Wēngēhuá, tāmen zhù zài Zhījiāgē. Wǒ hái yǒu liǎng zhī gǒu, jiào Dàhuáng hé Xiǎohuáng, tāmen hěn xǐhuan wǒ de línjū, kěshì wǒ de línjū bù xǐhuan tāmen.

Notes

1. "它们很喜欢我的邻居。"

   喜欢 expresses a good impression of somebody or something and is followed by what one likes.

   我喜欢狗，他喜欢猫。

   我喜欢打篮球，他喜欢踢足球。

2. "可是我的邻居不喜欢它们。"

   可是 is used in the beginning of a clause to indicate a contrast in meaning.

   有人不喜欢比萨饼，可是我很喜欢。

   妹妹长得很高，可是我长得不高。

Exercise

On your own: Answer the question according to the pictures.

What are their professions?

玛 丽 的 爸 爸 是 医 生。
mǎ lǐ de bà ba shì yī shēng

大 卫 的 爸 爸　　 校 长
dà wèi de bà ba　　 xiào zhǎng

Anny 的 哥 哥　　 中 学 生
de gē ge　　 zhōng xué shēng

Sam 的 哥 哥　　 音 乐 老 师
de gē ge　　 yīn yuè lǎo shī

Conversation practice: Complete the following sentences and practice with a partner.

A: Emma 喜 欢 什 么?
　　　　 xǐ huan shén me
B: Emma 喜 欢 _____ 。
　　　　 xǐ huan

A: Linda 喜 欢 什 么?
　　　　 xǐ huan shén me
B: Linda 喜 欢 _____ 。
　　　　 xǐ huan

A: Jim 喜 欢 什 么?
　　　 xǐ huan shén me
B: Jim 喜 欢 _____ 。
　　　 xǐ huan

A: Sam 喜 欢 什 么?
　　　 xǐ huan shén me
B: Sam 喜 欢 _____ 。
　　　 xǐ huan

Class activity: Tell your classmates about your family.

你 喜 欢 什 么?
nǐ xǐ huan shén me

你 爸 爸 做 什 么 工 作?
nǐ bà ba zuò shén me gōng zuò

你 妈 妈 做 什 么 工 作?
nǐ mā ma zuò shén me gōng zuò

工程师	gōngchéngshī	engineer
工人	gōngrén	factory worker
经理	jīnglǐ	manager
秘书	mìshū	secretary
推销员	tuīxiāoyuán	sales representative
记者	jìzhě	journalist
职员	zhíyuán	clerk

Phonetics

1. Listen to the recording, then answer the following questions.

   (1) What is the boy's name?

   (2) How old is the boy?

   (3) How many people are there in the boy's family?

   (4) Where does the boy live?

   (5) Does the boy have a cat?

   (6) What's the name of the boy's dog?

   (7) Who does not like the dog?

2. Read the following ancient Chinese poem aloud.

白　日　依　山　尽，
bái　rì　yī　shān　jìn

黄　河　入　海　流。
huáng　hé　rù　hǎi　liú

欲　穷　千　里　目，
yù　qióng　qiān　lǐ　mù

更　上　一　层　楼。
gèng shàng　yì　céng　lóu

（唐 · 王之涣《登鹳雀楼》）

The sun along the mountain blows;
The Yellow river seawards flows.
If you'll enjoy a grander sight,
You'll climb up to a greater height.

Learn to write

1. Character structure

弟	黄	温	加	奶	邻	华
爷	芝	喜	可	医	居	

2. Stroke order

弟　丶　丷　丷　弟　弟　弟

黄　一　十　卝　卝　芊　芣　莆　莆　黄　黄

喜　一　十　士　古　吉　吉　吉　壴　壴　喜　喜

3. Examples of radical

部 件 bù jiàn	甲 骨 文 jiǎ gǔ wén	金 文 jīn wén	小 篆 xiǎo zhuàn	楷 书 kǎi shū	组 字 zǔ zì
艹			艸	草	节
父		㕚	㕚	父	爸

107

UNIT SUMMARY

FUNCTIONAL USAGE

1. Inquring about and offering age information

你 多 大?
nǐ duō dà

我 十 七 岁。
wǒ shí qī suì

2. Introducing oneself

我 姓 张,
wǒ xìng zhāng

我 叫 张 小 美。
wǒ jiào zhāng xiǎo měi

3. Explaining where you come from

我 从 中 国 来。
wǒ cóng zhōng guó lái

4. Expressing welcome

欢 迎 你 来 我 家 玩!
huān yíng nǐ lái wǒ jiā wán

5. Ordering food on the telephone

我 要 一 份 比 萨 饼。
wǒ yào yí fèn bǐ sà bǐng

6. Offering one's address

我 住 在 柏 树 街 54 号。
wǒ zhù zài bǎi shù jiē wǔ shí sì hào

7. Inquiring about the number of people in your family

你 家 有 几 口 人?
nǐ jiā yǒu jǐ kǒu rén

我 家 有 三 口 人。
wǒ jiā yǒu sān kǒu rén

8. Stating one's profession

我 爸 爸 是 医 生。
wǒ bà ba shì yī shēng

GRAMMAR FOCUS

Sentence pattern

1. ……有 没 有……
   yǒu méi yǒu

2. 它 几 岁?
   tā jǐ suì

   它 两 岁。
   tā liǎng suì

3. 从……来
   cóng   lái

4. ……要……
       yào

5. ……有……，还 有……
   yǒu   hái yǒu

Example

你 有 没 有 妹 妹?
nǐ yǒu méi yǒu mèi mei

我 从 中 国 来。
wǒ cóng zhōng guó lái

我 要 一 份 比 萨 饼。
wǒ yào yí fèn bǐ sà bǐng

我 有 一 只 大 狗，还 有 一
wǒ yǒu yì zhī dà gǒu hái yǒu yì
只 小 猫。
zhī xiǎo māo

Unit Four

Times, Dates and Seasons

Look and say

Xiànzài jǐ diǎn?

Jīntiān jǐ yuè jǐ hào?

Jīntiān xīngqī jǐ?

Jīntiān tiānqì zěnmeyàng?

春
chūn

秋
qiū

夏
xià

冬
dōng

Chūntiān zài nǎlǐ?

111

16 现在几点
xiàn zài jǐ diǎn

Look and say: What time is it?

7:00

8:05

12:15

12:30

New words

1. 现在	xiànzài	*n.*	now
2. 点	diǎn	*n.*	o'clock
3. 半	bàn	*num.*	half
4. 事	shì	*n.*	matter; affair; thing; business
5. 去	qù	*v.*	to go
6. 起床	qǐchuáng	*v.*	to get up
7. 吧	ba	*part.*	*used to indicate a suggestion*

Today is Sunday. Wang Jiaming has plans to meet up with David, but he wakes up late.

家 明： 妈 妈， 现 在 几 点？
jiā míng   mā ma   xiàn zài   jǐ diǎn

妈 妈： 现 在 九 点 半。 你 今 天 有 事 吗？
mā ma   xiàn zài   jiǔ diǎn bàn   nǐ jīn tiān yǒu shì ma

家 明： 我 去 大 卫 家， 跟 他 一 起 打 羽 毛 球。
jiā míng   wǒ qù dà wèi jiā   gēn tā yì qǐ dǎ yǔ máo qiú

妈 妈： 你 几 点 去？
mā ma   nǐ jǐ diǎn qù

家 明： 我 十 点 去。
jiā míng   wǒ shí diǎn qù

妈 妈： 起 床 吧！
mā ma   qǐ chuáng ba

1. "你今天有事吗？"

今天 is a word indicating time. In Chinese sentences, time words are generally placed before verbs.

我们十点上课。

他十点钟去朋友家。

2. **Time expressions**

In Chinese, 点（钟），刻，分 and 秒 are all used to indicate time. 十五分钟 is the same as 一刻. 三十分钟 can be simplified to 半.

8:00	八点（钟）	8:05	八点五分
8:15	八点十五分／八点一刻	8:30	八点三十分／八点半
8:45	八点四十五分		

Exercise

On your own: Substitute the alternate words to make new dialogues.

1.

Train station

A：请 问，现 在 几 点？
　　qǐng wèn xiàn zài jǐ diǎn

B：十 点 十 五 分。
　　shí diǎn shí wǔ fēn

A：谢 谢 您！
　　xiè xie nín

B：不 客 气！
　　bú kè qi

(1) 七 点 二 十
　　qī diǎn èr shí
(2) 八 点 半
　　bā diǎn bàn
(3) 十 二 点
　　shí èr diǎn

2.

A：你 今 天 有 事 吗？
　　nǐ jīn tiān yǒu shì ma

B：我 今 天 没 有 事。
　　wǒ jīn tiān méi yǒu shì

你 有 事 吗？
nǐ yǒu shì ma

A：我 十 点 去 大 卫 家。
　　wǒ shí diǎn qù dà wèi jiā

(1) 十 二 点　比 萨 饼 店
　　shí èr diǎn　bǐ sà bǐng diàn
(2) 三 点 半　打 网 球
　　sān diǎn bàn　dǎ wǎng qiú
(3) 七 点 半　听 音 乐
　　qī diǎn bàn　tīng yīn yuè

Conversation practice: Ask and answer questions with a partner based on the following pictures.

A：现 在 几 点？
    xiàn zài jǐ diǎn

B：现 在 十 点 半。
    xiàn zài shí diǎn bàn

A：现 在 _____？
    xiàn zài

B：_____。

A：现 在 五 点 十 分，对 吗？
  xiàn zài wǔ diǎn shí fēn duì ma

B：对，_____。
    duì

A：现 在 七 点 半，对 吗？
  xiàn zài qī diǎn bàn duì ma

B：_____。

Class activity: What's the time?

1. Make a clock. With a partner, use a piece of cardboard and a pin to make a clock with movable hands.

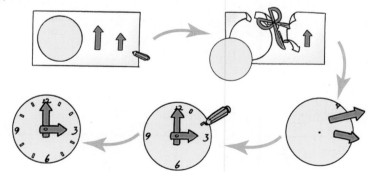

2. Take turns changing the positions of the clock hands and stating the time.

现 在 几 点？   现 在 _____？
xiàn zài jǐ diǎn   xiàn zài

3. Give your partner suggestions at different times.

十 二 点，我 们 吃 饭 吧。
shí èr diǎn wǒ men chī fàn ba

Phonetics

1. Listen to the recording, then answer the following questions.

   (1) What is the mother going to do today?
   (2) What time is it when the mother and her daughter are talking?
   (3) What is the girl going to do today?

2. Read the following ancient Chinese poem aloud.

春　眠　不　觉　晓，
chūn mián bù jué xiǎo

处　处　闻　啼　鸟。
chù chù wén tí niǎo

夜　来　风　雨　声，
yè lái fēng yǔ shēng

花　落　知　多　少！
huā luò zhī duō shao

（唐・孟浩然《春晓》）

It was after dawn when I awoke this spring morning.

Everywhere around me I heard the birds sing.

I now recall the sound of a big storm last night.

How many flowers that were blown to the ground are now in sight!

Learn to write

1. Character structure

| 半 | 事 | 去 | 跟 | 吧 | 现 | 点 | 床 |

2. Stroke order

半　丶　丶　丷　丷　半
去　一　十　土　去　去
事　一　一　一　戸　写　写　事

3. Examples of radicals

部件 bù jiàn	甲骨文 jiǎ gǔ wén	金文 jīn wén	小篆 xiǎo zhuàn	楷书 kǎi shū	组字 zǔ zì
足	𠯣	𠯣	𤴓	足	跟
广		厂	广	广	床

Chinese culture

The Modern Education System in China

In present-day China, students can go to four different schools: primary school (six years), junior middle school (three years), senior middle school (three years) and university (four years). Primary and middle school education together are known as "nine-year compulsory education" which is both mandatory and free of charge. In China, the academic year for all grade levels starts in September and ends in July of the next year.

17 你 每 天 几 点 起 床

nǐ   měi   tiān   jǐ   diǎn   qǐ   chuáng

Look and say

早 上 7:05 起 床
zǎo shang   qǐ chuáng

上 午 8:30 上 学
shàng wǔ   shàng xué

中 午 12:00 吃 饭
zhōng wǔ   chī fàn

下 午 3:15 放 学
xià wǔ   fàng xué

晚 上 10:20 睡 觉
wǎn shang   shuì jiào

New words

1. 每天	měi tiān		every day
2. 早上	zǎoshang	n.	morning
3. 刻（钟）	kè (zhōng)	n.	a quarter of an hour
4. 晚上	wǎnshang	n.	night; evening
5. 时候	shíhou	n.	time; moment
6. 睡觉	shuìjiào	v.	to go to bed; to sleep

Wang Jiaming is at David's house. They talk about their daily schedules.

家 明：大 卫，你 每 天 早 上 几 点 起 床？
jiā míng   dà wèi   nǐ měi tiān zǎo shang jǐ diǎn qǐ chuáng

大 卫：我 每 天 七 点 一 刻 起 床。
dà wèi   wǒ měi tiān qī diǎn yí kè qǐ chuáng

家 明：晚 上 呢，晚 上 你 什 么 时 候 睡 觉？
jiā míng   wǎn shang ne   wǎn shang nǐ shén me shí hou shuì jiào

大 卫：我 十 点 半 睡 觉。你 呢？
dà wèi   wǒ shí diǎn bàn shuì jiào   nǐ ne

家 明：我 早 上 七 点 起 床，晚 上 十 一 点 睡 觉。
jiā míng   wǒ zǎo shang qī diǎn qǐ chuáng wǎn shang shí yī diǎn shuì jiào

119

Notes

1. "你每天早上几点起床？"

   早上 is a time word. In Chinese, the day is divided into several time periods: 早上，上午，中午，下午 and 晚上．早上，also called 早晨，usually refers to the time period from dawn to eight or nine o'clock. Time words like 早上 must be placed before the verb.

   我每天晚上十点（钟）睡觉。

   我中午吃比萨饼。

2. **The order of time words**

   When several words indicating time are used together, the larger time unit comes before the smaller time unit.

   我今天下午四点钟去打羽毛球。　　　　（天＞下午＞点钟）

   他每天早上六点跑步。　　　　　　　　（天＞早上＞点）

Exercise

 On your own: Read aloud.

早　上	上　午	中　午	下　午	晚　上
zǎo shang	shàng wǔ	zhōng wǔ	xià wǔ	wǎn shang

Conversation practice: Ask and answer questions based on the words below.

A: 你 几 点 起 床？
　　nǐ jǐ diǎn qǐ chuáng

B: _____ 。

1. 上 课① 九 点	3. 回 家③ 四 点
shàng kè　jiǔ diǎn	huí jiā　sì diǎn
2. 下 课② 三 点	4. 睡 觉 十 一 点
xià kè　sān diǎn	shuì jiào　shí yī diǎn

---

① 上课：to go to class

② 下课：to finish class

③ 回家：to go home

Class activity: A day in the life.

1. Interview your classmates about their daily routine.

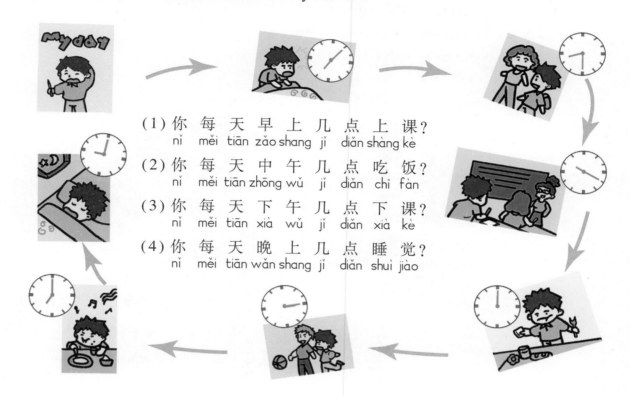

(1) 你 每 天 早 上 几 点 上 课？
　 nǐ　měi　tiān　zǎo shang　jǐ　diǎn　shàng kè

(2) 你 每 天 中 午 几 点 吃 饭？
　 nǐ　měi　tiān　zhōng wǔ　jǐ　diǎn　chī fàn

(3) 你 每 天 下 午 几 点 下 课？
　 nǐ　měi　tiān　xià wǔ　jǐ　diǎn　xià kè

(4) 你 每 天 晚 上 几 点 睡 觉？
　 nǐ　měi　tiān　wǎn shang　jǐ　diǎn　shuì jiào

2. Fill in the table according to your interview.

吃早饭[①] chī zǎo fàn	上课 shàng kè	下课 xià kè	吃午饭[②] chī wǔ fàn	回家 huí jiā	吃晚饭[③] chī wǎn fàn	睡觉 shuì jiào

3. Report the results to your class.

王 杰 ， 八 点 吃 早 饭 ，＿＿＿＿＿ 上 课 ， ＿＿＿＿＿ 吃 午 饭 ，
Wáng Jié　bā　diǎn　chī　zǎo　fàn　　　　　　shàng　kè　　　　　　chī　wǔ　fàn

晚 上 ＿＿＿＿＿ 睡 觉 。
wǎn shang　　　shuì jiào

---
① 早饭：breakfast

② 午饭：lunch

③ 晚饭：dinner

Phonetics

1. Listen to the recording, then answer the following questions.

   (1) When does David play basketball every day?

   (2) When does David study Chinese every day?

2. Read the following riddle aloud and try to guess the answer.

会　走　没　有　腿，
huì　zǒu　méi　yǒu　tuǐ

会　叫　没　有　嘴。
huì　jiào　méi　yǒu　zuǐ

它　会　告　诉　我　们，
tā　huì　gào　su　wǒ　men

什　么　时　候　起，
shén　me　shí　hou　qǐ

什　么　时　候　睡。
shén　me　shí　hou　shuì

Without legs or mouth, but it can both walk and talk. It can tell us when to wake up and when to sleep.

Learn to write

1. Character structure

七	刻	晚	时	候
睡	每	早	觉	

2. Stroke order

每　丿　𠂉　𠂉　𠂉　每　每　每

晚　丨　刂　刂　日　日′　日″　昨　晚　晚　晚

睡　丨　刂　刂　日　日　日′　日″　盯　盯　盯　睡　睡

3. Examples of radicals

部件 bù jiàn	甲骨文 jiǎ gǔ wén	金文 jīn wén	小篆 xiǎo zhuàn	楷书 kǎi shū	组字 zǔ zi
日	 ⊖	 ⊙	 日	日	晚
目	 👁	 👁	 目	目	睡
⺊	 屮	 屮	 屮	⺊	每

18 昨 天、今 天、明 天
zuó tiān jīn tiān míng tiān

Look and say

新 年
xīn nián
New Year's Day

感 恩 节
gǎn ēn jié
Thanksgiving Day

春 节①
chūn jié
Spring Festival

中 秋 节②
zhōng qiū jié
Mid-Autumn Festival

New words

1. 昨天	zuótiān	*n.*	yesterday
2. 明天	míngtiān	*n.*	tomorrow
3. 月	yuè	*n.*	month
4. 号	hào	*n.*	date (of the month)
5. 节	jié	*n.*	holiday; festival
6. 哪	nǎ	*pron.*	which
7. 天	tiān	*n.*	day
8. 星期	xīngqī	*n.*	day of the week
9. 明年	míngnián	*n.*	next year
10. 日	rì	*n.*	date

Proper nouns

● 感恩节 Gǎn'ēn Jié
  Thanksgiving Day
● 春节 Chūn Jié
  Spring Festival
  (Chinese Lunar New Year)

①② Chinese lunar calendar holidays.

Wang Jiaming is asking Mary today's date when David joins them.

家　明：今　天　几　月　几　号？
jiā　míng　jīn　tiān　jǐ　yuè　jǐ　hào

玛　丽：十　一　月　二　十　八　号。
mǎ　lì　shí　yī　yuè　èr　shí　bā　hào

家　明：感　恩　节　是　哪　一　天？
jiā　míng　gǎn　ēn　jié　shì　nǎ　yì　tiān

玛　丽：明　天，是　星　期　四。
mǎ　lì　míng　tiān　shì　xīng　qī　sì

大　卫：中　国　的　春　节　是　哪　一　天？
dà　wèi　zhōng guó　de　chūn　jié　shì　nǎ　yì　tiān

家　明：明　年　一　月　十　六　日　是　春　节。
jiā　míng　míng　nián　yī　yuè　shí　liù　rì　shì　chūn　jié

1. **Expressing the date**

    年, 月 and 日 are used in Chinese to indicate the date. 年, 月 and 日 always come after of the number of the year, month, or day they indicate. For example, 2014 年 should be read as *er ling yi si nian*. 月 is placed directly after the number of the month it indicates, e.g. *yi yue* (一月) or *shi'er yue* (十二月). 日 and 号 both mean "day", but 日 is used more often in writing, while 号 is more often used in daily conversation. For example, 14 日 and 14 号 both mean the 14th day of the month. When 年, 月 and 日 appear in the same sentence, the larger time unit should always come before the smaller time unit.

    2014 年 11 月 25 日

2. **Expressing the day of the week**

    A number is added after 星期 to express the day of the week in Chinese, e.g. 星期一, 星期二, etc. However, the seventh day of the week is not 星期七, but 星期日 (writing) or 星期天 (conversition). 星期一, 星期二, ... 星期日 （天） can also be called 礼拜 *(libai)* 一, 礼拜二, ... 礼拜日 （天）.

    星期 can also be replaced with 周, so we can say 周一 instead of 星期一 and 周日 instead of 星期日.

    In Chinese, all expressions indicating time must be placed before the verb.

    我星期六去朋友家玩。

Exercise

On your own: Do you know how many days there are in each month?

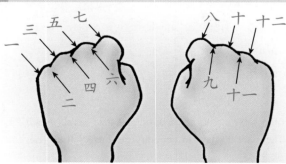

一 月 大 ①	二 月 小	三 月 大	四 月 小
yī yuè dà	èr yuè xiǎo	sān yuè dà	sì yuè xiǎo
五 月 大	六 月 小	七 月 大	八 月 大
wǔ yuè dà	liù yuè xiǎo	qī yuè dà	bā yuè dà
九 月 小	十 月 大	十 一 月 小	十 二 月 大
jiǔ yuè xiǎo	shí yuè dà	shí yī yuè xiǎo	shí èr yuè dà

Conversation practice: Substitute the alternate words to make new dialogues.

A：今 天 是 几 月 几 号 ? 星 期 几?
jīn tiān shì jǐ yuè jǐ hào xīng qī jǐ

B：_____。

A：今 年 是 哪 一 年?
jīn nián shì nǎ yì nián

B：_____。

> (1) 昨 天　　去 年
>   zuó tiān　qù nián
> (2) 明 天　　明 年
>   míng tiān　míng nián

Class activity: Chinese holidays.

1. Below are some famous Chinese lunar calendar holidays. Find out the corresponding solar calendar dates by checking with, interviewing, or sharing with classmates, then fill in the blanks.

Chūn Jié _____   Zhōngqiū Jié _____

Qīxī Jié _____   Qīngmíng Jié _____

2. Discussion: Which of the Chinese holidays mentioned above are similiar to your country's holidays?

Phonetics

1. Listen to the recording, then answer the following questions.
   (1) What's the date today?
   (2) When is the father's birthday?

---

① The "big month" refers to the solar month of 31 days, and the "small month" refers to the solar month of 30 days. Feburary is an exception. There are 29 days in Feburary once every four years, and in the other three years, there are only 28 days.

2. Read the following ancient Chinese poem aloud.

去　年　今　日　此　门　中，
qù　nián　jīn　rì　cǐ　mén　zhōng

人　面　桃　花　相　映　红。
rén　miàn　táo　huā　xiāng　yìng　hóng

人　面　不　知　何　处　去，
rén　miàn　bù　zhī　hé　chù　qù

桃　花　依　旧　笑　春　风。
táo　huā　yī　jiù　xiào　chūn　fēng

（唐·崔护《题都城南庄》）

Last year on this very day, I met you at this gate.
Your face was extremely charming among the beauty of the peach flowers.
Now your face is gone, place unknown.
There are only the peach flowers smiling in the gentle breeze.

Learn to write

1. Character structure

月	四	年	昨	期
感	恩	节	星	春

2. Stroke order

年　ノ　ヒ　ヒ　乍　乍　年
春　一　二　三　声　夫　表　春　春　春
感　一　厂　厂　厂　厂　厍　咸　咸　咸　咸　感　感　感

3. Examples of radicals

部　件 bù　jiàn	甲　骨　文 jiǎ　gǔ　wén	金　文 jīn　wén	小　篆 xiǎo　zhuàn	楷　书 kǎi　shū	组　字 zǔ　zi
心	♡	♉	⼼	心	感
月	☽	☽	⽉	月	期

128

Spring Festival

The Spring Festival, commonly referred to "*guonian* (celebrating the new year)", is the most important traditional festival in China with a history spanning more than four thousand years. The Spring Festival falls on the first day of the first month on the lunar calendar. During the Spring Festival, a variety of customs such as eating *jiaozi*, hanging new year poetry on the front door, lighting firecrackers, and the exchange of *hongbao* (new year's money) help to create a lively and exciting festival atmosphere.

19 今天天气怎么样

jīn tiān tiān qì zěn me yàng

Look and say

下 雨
xià yǔ

下 雪
xià xuě

刮 风
guā fēng

晴 天
qíng tiān

New words

1. 天气	tiānqì	*n.*	weather
2. 怎么样	zěnmeyàng	*pron.*	how
3. 刮	guā	*v.*	(of wind) to blow
4. 风	fēng	*n.*	wind
5. 下午	xiàwǔ	*n.*	afternoon
6. 可能	kěnéng	*adv.*	maybe; perhaps
7. 下雨	xià yǔ		rain
8. 带	dài	*v.*	to take / bring / carry... with somebody
9. 雨伞	yǔsǎn	*n.*	umbrella
10. 哪儿	nǎr	*pron.*	where
11. 外面	wàimiàn	*n.*	outside
12. 雨衣	yǔyī	*n.*	raincoat

130

Wang Jiaming is about to go to school, so he asks his father about today's weather.

家 明：爸 爸，今 天 天 气 怎 么 样?
jiā míng   bà ba   jīn tiān tiān qì zěn me yàng

爸 爸：现 在 刮 风，下 午 可 能 下 雨。
bà ba   xiàn zài guā fēng   xià wǔ kě néng xià yǔ

家 明：我 带 雨 伞 吧，我 的 雨 伞 在 哪 儿?
jiā míng   wǒ dài yǔ sǎn ba   wǒ de yǔ sǎn zài nǎr

爸 爸：外 面 风 很 大，你 带 雨 衣 吧!
bà ba   wài miàn fēng hěn dà   nǐ dài yǔ yī ba

1. "今天天气怎么样？"

   怎么样 is an interrogative pronoun used to ask about the state of a person or a thing.

   他身体怎么样？

   这部电影怎么样？

2. "下午可能下雨。"

   下午可能下雨 expresses uncertainty about whether or not 下午下雨. when 可能 comes before a verb, if usually indicates uncertainty.

   今天下午他可能来学校。

   她可能没带雨衣。

Exercise

On your own

1. Read aloud.

   刮 风　　　下 雨
   guā fēng　　xià yǔ

   带 雨 伞　　带 雨 衣
   dài yǔ sǎn　　dài yǔ yī

   一 把① 雨 伞　　一 件② 雨 衣
   yī bǎ yǔ sǎn　　yí jiàn yǔ yī

   现 在 外 面 风 很 大　　现 在 外 面 雨 很 大
   xiàn zài wài miàn fēng hěn dà　　xiàn zài wài miàn yǔ hěn dà

2. Match the pictures with the words.

下 雨、刮 风
xià yǔ guā fēng

雨 伞
yǔ sǎn

下 雨
xià yǔ

雨 衣
yǔ yī

---

① 把：a measure word used for tools with a handle

② 件：a measure word mainly used for clothes or matters

Conversation practice: Make dialogues with your parter based on the pictures.

1. A: 今 天 天 气 怎 么 样?
　　jīn tiān tiān qì zěn me yàng

B: 上 午 可 能 下 雨。
　shàng wǔ kě néng xià yǔ

> 1. 中 午　　刮 风
> 　zhōng wǔ　guā fēng
>
> 2. 晚 上　　下 雪
> 　wǎn shang　xià xuě

2. A: 妹 妹 现 在 怎 么 样 了?
　　mèi mei xiàn zài zěn me yàng le

B: _____。

笑　　　　　　　　　　　哭
xiào　　　　　　　　　　kū

Class activity

1. Chart the weather for this week and make a Chinese weather map. Be your own meteorologist!

星 期 一	星 期 二	星 期 三	星 期 四	星 期 五	星 期 六	星 期 日
xīng qi yī	xīng qi èr	xīng qi sān	xīng qi sì	xīng qi wǔ	xīng qi liù	xīng qi rì

2. Discuss your weather map with a partner.

A: 星 期 六 天 气 怎 么 样?
　xīng qi liù tiān qì zěn me yàng

B: 星 期 六 天 气 很 好。你 要 去 哪 里? [①]
　xīng qi liù tiān qì hěn hǎo nǐ yào qù nǎ lǐ

_____

① Where are you going?

133

Phonetics

1. Listen to the recording, then answer the following questions.

    (1) Is it raining outside?

    (2) Is the wind blowing outside?

    (3) What does the boy ask the woman to take with her?

2. Read the following tongue twister aloud.

他 喜 欢 琵 琶，我 喜 欢 吉 他。
tā xǐ huan pí pa wǒ xǐ huan jí tā

他 说 琵 琶 好，我 说 吉 他 好。
tā shuō pí pa hǎo wǒ shuō jí tā hǎo

现 在 你 来 听，
xiàn zài nǐ lái tīng

是 琵 琶 好 还 是 吉 他 好。
shì pí pa hǎo hái shi jí tā hǎo

> He likes *pipa*[①] ; I like guitar. He says *pipa* is better than guitar; I say guitar is better than *pipa*. Now you listen and tell us which is better, *pipa* or guitar?

Learn to write

1. Character structure

风	下	午	雨	面	衣	样
刮	能	外	怎	伞	带	

---

① *pipa*: a plucked string instrument with a fretted fingerboard.

2. Stroke order

衣　丶　亠　ナ　ナ　衣　衣
雨　一　一　冂　雨　雨　雨　雨
能　厶　厶　卢　育　育　育　能　能　能

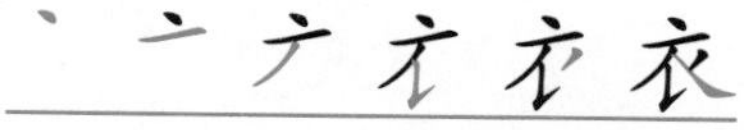

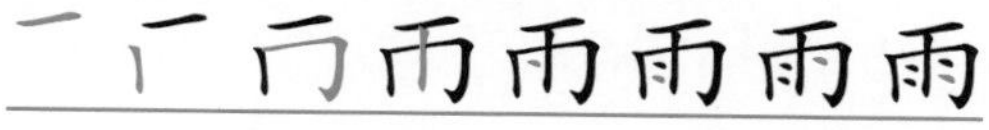

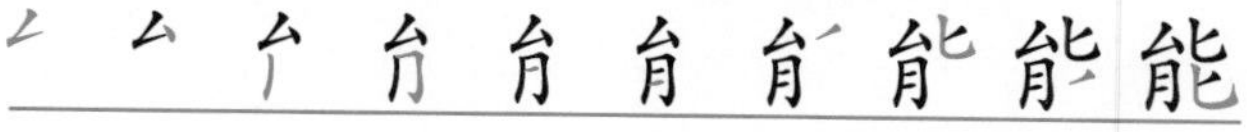

3. Examples of radicals

部 件 bù jiàn	甲 骨 文 jiǎ gǔ wén	金 文 jīn wén	小 篆 xiǎo zhuàn	楷 书 kǎi shū	组 字 zǔ zi
木	 ✕	 ✳	 木	木	样
刂	 ∫		 刀	刀	刮
巾	 巾	 巾	 巾	巾	带

20 冬 天 冷, 夏 天 热
dōng tiān lěng xià tiān rè

Look and say

冬 天 冷, 夏 天 热, 春 天 常 常 刮 风, 秋 天 不 冷 也 不 热。
dōng tiān lěng xià tiān rè chūn tiān cháng cháng guā fēng qiū tiān bù lěng yě bú rè

冬 天
dōng tiān

夏 天
xià tiān

春 天
chūn tiān

秋 天
qiū tiān

New words

1. 冬天	dōngtiān	*n.*	winter
2. 冷	lěng	*adj.*	cold
3. 夏天	xiàtiān	*n.*	summer
4. 热	rè	*adj.*	hot
5. 新年	xīnnián	*n.*	New Year
6. 最近	zuìjìn	*n.*	recently; lately
7. 忙	máng	*adj.*	busy
8. 打算	dǎsuàn	*v.*	to plan(to); to be going to
9. 春天	chūntiān	*n.*	spring
10. 常常	chángcháng	*adv.*	often
11. 秋天	qiūtiān	*n.*	fall
12. 非常	fēicháng	*adv.*	very
13. 觉得	juéde	*v.*	to think; to feel
14. 最	zuì	*adv.*	most; least; best; to the highest or lowest degree
15. 节日	jiérì	*n.*	holiday; festival

Proper nouns

- 北京　Běijīng　Beijing
- 小雨　Xiǎoyǔ　a person's name, literally "drizzle"

David just received a letter from one of his friends in Beijing.

大卫：

新年好！

最近忙不忙？你打算什么时候来北京？北京的冬天很冷，夏天很热。春天不冷，可是常常刮风。秋天非常好，不冷也不热。我觉得秋天最好。

祝你节日快乐！

你的朋友：小雨

1月5日

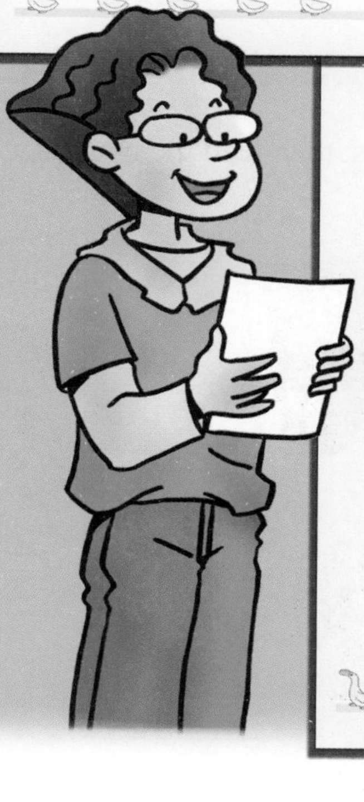

Dàwèi:

Xīnnián hǎo!

Zuìjìn máng bu máng? Nǐ dǎsuàn shénme shíhou lái Běijīng? Běijīng de dōngtiān hěn lěng, xiàtiān hěn rè. Chūntiān bù lěng, kěshì chángcháng guā fēng. Qiūtiān fēicháng hǎo, bù lěng yě bú rè. Wǒ juéde qiūtiān zuì hǎo.

Zhù nǐ jiérì kuàilè!

Nǐ de péngyou: Xiǎoyǔ

yī yuè wǔ rì

1. "你打算什么时候来北京？"

    打算 is a verb that usually comes before other verbs to indicate that someone is considering and planning on doing something.

    我打算去朋友家。

    他们打算明年去上海旅游。

2. "秋天非常好，不冷也不热。"

    The 也 in this sentence is used differently from the 也 in Lesson 6. Here, 也 functions as a conjunction, linking together two words before and after it that are opposite in meaning. The use of 不 before both words, indicates that the situation is agreeable.

    不大也不小　　不远也不近

3. "我觉得秋天最好。"

    觉得 is used to show one's subjective feeling and can be followed either by a word or a sentence.

    我觉得夏天很热。

    我觉得学汉语很有意思。

Exercise

On your own: Match the pictures with the sentences, then read them aloud.

祝 你 生 日 快 乐！
zhù nǐ shēng rì kuài lè

祝 你 新 年 快 乐！
zhù nǐ xīn nián kuài lè

祝 你 节 日 快 乐！
zhù nǐ jié rì kuài lè

Conversation Practice: Make dialogues with a partner based on the pictures below.

1. A: 最 近 忙 不 忙？
   Zuì jìn máng bu máng

   B: _____ 。

2. A: 你 假 期 打 算 去 哪 儿？
   Nǐ jià qī dǎ suàn qù nǎr

   B: _____ 。

Class activity

1. Select a city you like and research the local weather conditions throughout the year.

2. With a partner, use the sentences below to talk about your city's weather.

   你 从 哪 里 来？
   nǐ cóng nǎ lǐ lái

   你 觉 得 那 儿 天 气 怎 么 样？
   nǐ jué de nàr tiān qì zěn me yang

   秋 天 不 冷 也 不 热，对 吗？
   qiū tiān bù lěng yě bú rè duì ma?

3. Fill in the table below with the information you learned from your partner and share it with your classmates.

城 市 chéng shì	春 天 chūn tiān	夏 天 xià tiān	秋 天 qiū tiān	冬 天 dōng tiān

 Phonetics

1. Listen to the recording, then answer the following questions.

   (1) Where is the woman?

   (2) What is the boy going to do?

   (3) Does this telephone conversation take place during the spring or summer?

   (4) Has Ms. Wang been busy lately?

   (5) Does Ms. Wang invite David to come to Beijing?

2. Read the following song aloud.

如 果 感 到 幸 福 你 就 拍 拍 手，
rú guǒ gǎn dào xìng fú nǐ jiù pāi pai shǒu

如 果 感 到 幸 福 你 就 拍 拍 手，
rú guǒ gǎn dào xìng fú nǐ jiù pāi pai shǒu

如 果 感 到 幸 福 就 快 快 拍 拍 手 呀，
rú guǒ gǎn dào xìng fú jiù kuài kuài pāi pai shǒu ya

看 哪，大 家 都 一 起 拍 拍 手。
kàn na dà jiā dōu yì qǐ pāi pai shǒu

> If you're happy and you know it, clap your hands.
>
> If you're happy and you know it, clap your hands.
>
> If you're happy and you know it, then you really want to show it,
>
> If you're happy and you know it, clap your hands.

Can you sing it?

幸福拍手歌
xìng fú pāi shǒu gē

如果 感 到 幸 福 你 就 拍 拍 手，（拍 手） 如果

感 到 幸 福 你 就 拍 拍 手，（拍 手）如果 感 到 幸 福 就 快 快

拍拍手 呀，看 哪，大 家 都一 起 拍 拍 手。（拍 手）

Learn to write

1. Character structure

北	冬	非	新	忙	秋	冷
算	夏	最	京	热	常	近

2. Stroke order

北　丨　𠄌　爿　北　北

近　⺁　厂　斤　斤　折　近　近

算　丿　𠂉　⺮　⺮　⺮　笁　笮　笞　笪　笪　算　算

141

3. Examples of radicals

部 件 bù jiàn	甲 骨 文 jiǎ gǔ wén	金 文 jīn wén	小 篆 xiǎo zhuàn	楷 书 kǎi shū	组 字 zǔ zì
冫	仌	仌	仌	冫	冷
灬	火	火	火	火	热
禾	禾	禾	禾	禾	秋

Chinese culture

The Four Seasons in Beijing

Beijing has four distinct seasons. Spring is warm, but dry and windy. Summer is very hot and rainy. In autumn, the weather is clear and crisp, and red leaves cover the western hills. The weather in winter is fairly cold and it often snows, turning the whole city into a beautiful snowscape. Generally speaking, spring and autumn are the best seasons for tourism.

UNIT SUMMARY

FUNCTIONAL USAGE

1. Inquiring about and giving the time

现 在 几 点? 现 在 九
xiàn zài jǐ diǎn xiàn zài jiǔ

点 半。
diǎn bàn

2. Explaining one's schedule

我 每 天 七 点 一 刻
wǒ měi tiān qī diǎn yí kè

起 床。
qǐ chuáng

3. Inquiring about and giving the date

今 天 几 月 几 号?
jīn tiān jǐ yuè jǐ hào

今 天 十 一 月 二 十 号。
jīn tiān shí yī yuè èr shí hào

4. Inquiring about and telling someone the weather

今 天 天 气 怎 么 样?
jīn tiān tiān qì zěn me yàng

现 在 刮 风, 下 午 可 能
xiàn zài guā fēng xià wǔ kě néng

下 雨。
xià yǔ

5. Expressing one's opinion

我 觉 得 北 京 的 秋 天
wǒ jué de běi jīng de qiū tiān

最 好。
zuì hǎo

6. Explaining the climate

冬 天 很 冷, 夏 天 很
dōng tiān hěn lěng xià tiān hěn

热, 秋 天 不 冷 也
rè qiū tiān bù lěng yě

不 热。
bú rè

143

GRAMMAR FOCUS

Sentence pattern **Example**

1. 现 在 九 点 半。
   xiàn zài jiǔ diǎn bàn

2. 我 每 天 七 点 一 刻 起 床。
   wǒ měi tiān qī diǎn yí kè qǐ chuáng

3. 今 天 十 一 月 二 十 号。
   jīn tiān shí yī yuè èr shí hào

4. ……跟……一 起   我 跟 你 们 一 起 打 羽 毛 球。
        gēn   yì qǐ   wǒ gēn nǐ men yì qǐ dǎ yǔ máo qiú

5. ……怎 么 样   今 天 天 气 怎 么 样?
       zěn me yàng   jīn tiān tiān qì zěn me yàng

6. ……打 算……   你 打 算 什 么 时 候 来 北 京?
       dǎ suàn   nǐ dǎ suàn shén me shí hou lái běi jīng

7. ……觉 得……   我 觉 得 北 京 的 秋 天 最 好。
       jué de   wǒ jué de běi jīng de qiū tiān zuì hǎo

Unit Five

Food and Clothing

Look and say

黑
hēi

橙
chéng

绿
lǜ

蓝
lán

紫
zǐ

白
bái

红
hóng

黄
huáng

㉑ 我 要 二 十 个 饺 子
wǒ yào èr shí gè jiǎo zi

Look and say

饺 子
jiǎo zi

包 子
bāo zi

Nín chī diǎnr shénme?

蛋 炒 饭
dàn chǎo fàn

鸡 蛋 汤
jī dàn tāng

饮 料
yǐn liào

New words

1. 饺子	jiǎozi	*n.*	dumpling
2. 服务员	fúwùyuán	*n.*	waiter (waitress)
3. 先生	xiānsheng	*n.*	mister; sir; gentleman
4. (一)点 儿	(yì)diǎnr	*m.*	a little; a bit; some
5. 个	gè	*m.*	*usually used before a noun without a particular measure word*
6. 喝	hē	*v.*	to drink
7. 饮料	yǐnliào	*n.*	beverage
8. 碗	wǎn	*m.*	bowl
9. 鸡蛋	jīdàn	*n.*	egg
10. 汤	tāng	*n.*	soup
11. 一共	yígòng	*adv.*	altogether

Proper noun

- 元   yuán   *yuan*

Jack eats dinner at a Chinese restaurant.

服 务 员：先 生，您 吃 点 儿 什 么？
fú wù yuán xiān sheng nín chī diǎnr shén me

杰 克：有 饺 子 吗？
jié kè yǒu jiǎo zi ma

服 务 员：有，要 多 少？
fú wù yuán yǒu yào duō shao

杰 克：二 十 个 饺 子。
jié kè èr shí gè jiǎo zi

服 务 员：好。您 喝 什 么 饮 料？
fú wù yuán hǎo nín hē shén me yǐn liào

杰 克：我 不 要 饮 料，要 一 碗 鸡 蛋 汤。
jié kè wǒ bú yào yǐn liào yào yì wǎn jī dàn tāng

服 务 员：好。一 共 十 五 元。
fú wù yuán hǎo yí gòng shí wǔ yuán

一 共 多 少 钱？
yí gòng duō shao qián

Notes

1. "您吃点儿什么？"

In this sentence, 点儿 is a special measure word. When used before a noun, it indicates an undefined and fairly small quantity. 点儿 and 一点儿 can be used interchangeably.

我要喝点儿饮料。

我买一点儿水果。

2. "我不要饮料，要一碗鸡蛋汤。"

碗 is the name of a container, and in this lesson is used as a measure word. In Chinese, many container words can also be used as measure words, and are placed between a number and the name of the object held.

一碗饭　　两杯饮料　　五瓶矿泉水

3. "一共十五元。"

一共 means to calculate the total of everything that came before it. The items being calculated can be people, things, or matters. 一共 must be put before the actual total.

一共有十五个学生。

他一共吃了十八个饺子。

Exercise

On your own: Read and match.

八　个	一　张	两　碗	一　杯
bā　ge	yī zhāng	liǎng wǎn	yì bēi

可　乐
kě　le

鸡　蛋　汤
jī　dàn tāng

饺　子
jiǎo　zi

纸
zhǐ

149

Conversation practice: Make dialogues with a partner based on the pictures below.

1. A：您 好！您 吃 点 儿 什 么？
   nín hǎo nín chī diǎnr shén me

   B：我 要 _____、_____ 和 _____。
   wǒ yào   hé

   A：一 共 _____ 元。
   yí gòng   yuán

两 个 包 子　　三 个 鸡 蛋　　一 碗 面 条　　一 盘 炒 饭
liǎng gè bāo zi　sān gè jī dàn　yì wǎn miàn tiáo　yì pán chǎo fàn

2. A：您 要 喝 茶① 吗？
   nín yào hē chá ma

   B：谢 谢，我 不 要，我 要 _____。
   xiè xie wǒ bú yào wǒ yào

一 杯 咖 啡　　一 杯 牛 奶　　一 瓶 可 乐　　一 瓶 水
yì bēi kā fēi　yì bēi niú nǎi　yì píng kě lè　yì píng shuǐ

———————————
① 茶：tea

Class activity At a Chinese restaurant.

1. Form groups of five or six people. Write down a menu as following example.

饺子　　jiǎozi　　　　dumplings　　　　　　$3

包子　　bāozi　　　　steamed buns　　　　$3

蛋炒饭　dànchǎofàn　egg fried rice　　　　$5

鸡蛋汤　jīdàntāng　　egg soup　　　　　　$2

酸甜肉　suāntiánròu　sweet and sour meat　$10

2. Use the following sentence structures to make a dialogue with your partner.

A：你 要 什 么?
　　nǐ yào shén me

B：我 要 _____, _____, 还 要 _____。
　　wǒ yào　　　　　　　　　　　　　　　hái yào

A：好 的, 一 共 _____ 元。
　　hǎo de yí gòng　　　　　　yuán

Phonetics

1. Listen to the recording, then answer the following questions.

　(1) What would he like to eat?

　(2) How much does he want?

　(3) Does he want anything to drink?

2. Read the following ancient Chinese poem aloud.

锄	禾	日	当	午,
chú	hé	rì	dāng	wǔ

汗	滴	禾	下	土。
hàn	dī	hé	xià	tǔ

谁	知	盘	中	餐,
shéi	zhī	pán	zhōng	cān

粒	粒	皆	辛	苦。
lì	lì	jiē	xīn	kǔ

（唐·李绅《悯农》）

At noon they hoe the grain,

Their sweat dripping down into the soil.

Who knew that every bowl of rice,

Every grain lost a bead of sweat.

Learn to write

1. Character structure

个	子	共	饺	服	喝	饮
料	鸡	汤	碗	先	元	务

2. Stroke order

先 丿 ⺊ ⺧ 生 失 先

鸡 ⴣ ⴣ ⴣ ⴣ ⴣ 鸡 鸡

服 丿 ⺀ ⺀ 月 ⺀ ⺀ ⺀ 服

3. Examples of radicals

部 件 bù jiàn	甲 骨 文 jiǎ gǔ wén	金 文 jīn wén	小 篆 xiǎo zhuàn	楷 书 kǎi shū	组 字 zǔ zì
饣	(甲骨文)	(金文)	(小篆)	食	饼
鸟	(甲骨文)	(金文)	(小篆)	鸟(鳥)	鸡
欠	(甲骨文)		(小篆)	欠	饮
斗	(甲骨文)	(金文)	(小篆)	斗	料
力	(甲骨文)	(金文)	(小篆)	力	务

Chinese culture

Jiaozi

In north China, people often eat *jiaozi* during traditional festivals like the Spring Festival, because *jiaozi* symbolizes reunion and good fortune.

153

22 你们家买不买年货

nǐ men jiā mǎi bu mǎi nián huò

Look and say

年 货
nián huò

压 岁 钱
yā suì qián

礼 物
lǐ wù

New words

1. 买	mǎi	*v.*	to buy
2. 年货	niánhuò	*n.*	special purchases for the Spring Festival
3. 热闹	rènao	*adj.*	busy; bustling; lively
4. 为什么	wèi shénme		why
5. 因为	yīnwèi	*conj.*	because
6. 后天	hòutiān	*n.*	the day after tomorrow
7. 过年	guònián	*v.*	to celebrate the New Year or the Spring Festival
8. 用	yòng	*v.*	to use
9. 东西	dōngxi	*n.*	thing; stuff
10. 当然	dāngrán	*adv.*	of course; certainly
11. 礼物	lǐwù	*n.*	present; gift
12. 去年	qùnián	*n.*	last year
13. 收到	shōudào		to receive; to get
14. 多	duō	*adj.*	many; much
15. 压岁钱	yāsuìqián	*n.*	money given to children as a Lunar New Year gift

154

Wang Jiaming talks about the Spring Festival with Jack.

杰 克： 今 天 这 里 很 热 闹， 为 什 么？
jié kè jīn tiān zhè lǐ hěn rè nao wèi shén me

家 明： 因 为 后 天 是 春 节， 大 家 都 打 算 买 点 儿
jiā míng yīn wèi hòu tiān shì chūn jié dà jiā dōu dǎ suàn mǎi diǎnr

年 货。
nián huò

杰 克： 什 么 是 年 货？
jié kè shén me shi nián huò

家 明： 年 货 是 过 年 的 时 候 吃 的 和 用 的 东 西。
jiā míng nián huò shi guò nián de shí hou chī de hé yòng de dōng xi

杰 克： 你 们 家 买 不 买 年 货 ？
jié kè nǐ men jiā mǎi bu mǎi nián huò

家 明： 当 然 买 。
jiā míng dāng rán mǎi

杰 克： 过 年 的 时 候 有 没 有 礼 物？
jié kè guò nián de shí hou yǒu méi yǒu lǐ wù

家 明： 有 啊。 去 年 我 收 到 很 多 礼 物， 还 收 到 很
jiā míng yǒu a qù nián wǒ shōu dào hěn duō lǐ wù hái shōu dào hěn

多 压 岁 钱。
duō yā suì qián

1. "因为后天是春节，大家都打算买点儿年货。"

   因为 is a reasoning conjunction and is often used when answering 为什么.

   A：你昨天为什么没来?

   B：因为我生病了。

2. "因为后天是春节，大家都打算买点儿年货。"

   To indicate what day it is, use the following:

大前天	前天	昨天	今天	明天	后天	大后天
Three days ago	Two days ago	Yesterday	Today	Tomorrow	Day after tomorrow	Three days from now

   To indicate the year, just swap 天 for 年.

大前年	前年	去年	今年	明年	后年	大后年
Three years ago	Two years ago	Last year	This year	Next year	Two years tomorrow	Three years from now

   Unlike 昨天, when referring to last year, you should use 去年, not 昨年.

Exercise

On your own: Read aloud.

很 多 礼 物
hěn duō lǐ wù

很 多 东 西
hěn duō dōng xi

很 多 压 岁 钱
hěn duō yā suì qián

春 节 的 时 候
chūn jié de shí hou

过 年 的 时 候
guò nián de shí hou

吃 饭 的 时 候
chī fàn de shí hou

Conversation practice

1. Make dialogues with a partner based on the pictures below.

A：过 年 的 时 候，他 们 打 算 买 什 么？
　　guò nián de shí hou　tā men dǎ suàn mǎi shén me

B：_____

鞭 炮
biān pào

对 联
duì lián

新 衣 服
xīn yī fu

贺 卡
hè kǎ

圣 诞 树
shèngdàn shù

礼 物
lǐ wù

2. Disscuss your favorite festivals with a partner and talk about their differences.

Class activity: The customs of the Spring Festival.

1. Have everyone write the character 福 on a piece of paper, then flip it upside down. Talk about the meaning of this custom with your teacher.

2. Have a class discussion about the different customs of the Spring Festival.

Phonetics

1. Listen to the recording, then answer the following questions.

   (1) Why does the boy buy a cake?

   (2) Does he buy any gifts for his mother?

   (3) What gift does he buy?

2. Read the following song aloud.

每	条	大	街	小	巷，
měi	tiáo	dà	jiē	xiǎo	xiàng

每	个	人	的	嘴	里，
měi	gè	rén	de	zuǐ	li

见	面	第	一	句	话，
jiàn	miàn	dì	yī	jù	huà

就	是	恭	喜	恭	喜。
jiù	shì	gōng	xǐ	gōng	xǐ

恭	喜	恭	喜	恭	喜	你	呀，
gōng	xǐ	gōng	xǐ	gōng	xǐ	nǐ	ya

恭	喜	恭	喜	恭	喜	你。
gōng	xǐ	gōng	xǐ	gōng	xǐ	nǐ

> On every street and lane,
>
> On everybody's lips,
>
> The first thing they say is,
>
> "Congradulations! Congradulations!"

Can you sing it?

Learn to write

1. Character structure

为	用	东	西	礼	物
收	钱	买	货	当	然
后	过	闹	压	因	

2. Stroke order

为　丶　丿　为　为

用　丿　刀　月　月　用

然　丿　夕　夕　夕　夕　夕　然　然　然　然　然　然

3. Examples of radicals

部　件 bù　jiàn	甲　骨　文 jiǎ　gǔ　wén	金　文 jīn　wén	小　篆 xiǎo　zhuàn	楷　书 kǎi　shū	组　字 zǔ　zì
贝				貝（貝）	货
攵				攵	收
牛				牛	物

159

New Year's Money

Much like children in the west yearn for Christmas gifts every Christmas, during the Spring Festival Chinese Children's greatest hope is to receive new year's money. It is a popular Chinese custom handed down since ancient times that adults give new year's money to their children. This custom symbolizes their wishes for their children to enjoy good health, a long life and good luck.

23 你喜欢 什么颜色
nǐ xǐ huan shén me yán sè

Look and say

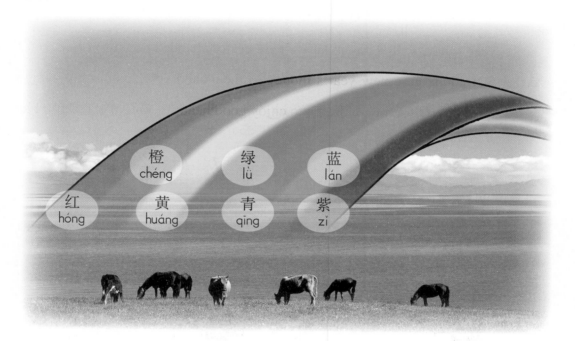

橙 chéng
绿 lǜ
蓝 lán
红 hóng
黄 huáng
青 qīng
紫 zǐ

New words

1. 颜色	yánsè	n.	color
2. 蓝色	lánsè	n.	blue
3. 大海	dàhǎi	n.	sea; ocean
4. 绿色	lǜsè	n.	green
5. 树木	shùmù	n.	tree
6. 草地	cǎodì	n.	grassland
7. 所以	suǒyǐ	conj.	so; therefore
8. 红色	hóngsè	n.	red
9. 橙色	chéngsè	n.	orange
10. 种	zhǒng	m.	kind; sort; type
11. 明亮	míngliàng	adj.	bright

161

David, Mary and Wang Jiaming watch a fashion show.

大卫：你喜欢什么颜色？
dà wèi nǐ xǐ huan shén me yán sè

玛丽：我喜欢蓝色，蓝色是大海的颜色。你呢？
mǎ lì wǒ xǐ huan lán sè lán sè shì dà hǎi de yán sè nǐ ne

大卫：我喜欢绿色。
dà wèi wǒ xǐ huan lǜ sè

玛丽：为什么？
mǎ lì wèi shén me

大卫：因为树木、草地都是绿色的，所以我喜
dà wèi yīn wèi shù mù cǎo dì dōu shì lǜ sè de suǒ yǐ wǒ xǐ

欢。家明呢，你喜欢什么颜色？
huan   jiā míng ne nǐ xǐ huan shén me yán sè

家明：我喜欢红色和橙色，因为这两种颜色
jiā míng wǒ xǐ huan hóng sè hé chéng sè yīn wèi zhè liǎng zhǒng yán sè

很明亮。
hěn míng liàng

162

Notes

1. Color words

蓝色, 绿色, etc. are all color words. Other often-used colors include 白色, 黄色, 青色, 紫色, and 黑色.

2. "因为树木、草地都是绿色的，所以我喜欢。"

因为 can be used alone, or it can be used with 所以 to form the expression "因为……所以……". 所以 is followed by the effect or result of 因为.

因为过年，所以我们要去买一点儿年货。

因为秋天不冷也不热，所以我最喜欢秋天。

3. "因为这两种颜色很明亮。"

种 is measure word indicating kinds, which can be applied to either people or anything.

两种学生　　四种颜色　　十种动物

Exercise

On your own: Read aloud.

红色的苹果
hóng sè de píng guǒ

绿色的西瓜
lǜ sè de xī guā

黄色的香蕉
huáng sè de xiāng jiāo

紫色的葡萄
zǐ sè de pú tao

绿色是草地的颜色，
lǜ sè shì cǎo dì de yán sè

我喜欢绿色的草地。
wǒ xǐ huan lǜ sè de cǎo dì

蓝色是大海的颜色，
lán sè shì dà hǎi de yán sè

我喜欢蓝色的大海。
wǒ xǐ huan lán sè de dà hǎi

163

Conversation practice: Make dialogues with a partner based on the pictures and examples below.

1. 他 们 喜 欢 什 么 颜 色？
   tā men xǐ huan shén me yán sè

   他 喜 欢 _____，她 喜 欢 _____。
   tā xǐ huan   tā xǐ huan

2. A：你 喜 欢 哪 种 颜 色 的 钱 包？
      nǐ xǐ huan nǎ zhǒng yán sè de qián bāo

   B：我 喜 欢 这 种，黄 色 的，你 呢？
      wǒ xǐ huan zhè zhǒng huáng sè de nǐ ne

   A：我 喜 欢 白 色 的 钱 包。
      wǒ xǐ huan bái sè de qián bāo

Class activity

1. Draw a colorful poster depicting your own clothes.
2. Tell a partner the names of all the colors you used.

Phonetics

1. Listen to the recording, then answer the following questions.
   (1) What color does the girl like? Why?
   (2) What color does the boy like? Why?

2. Read the following ancient Chinese poem aloud.

鹅，鹅，鹅，
é　é　é

曲　项　向　天　歌。
qū xiàng xiàng tiān gē

白　毛　浮　绿　水，
bái máo fú lǜ shuǐ

红　掌　拨　清　波。
hóng zhǎng bō qīng bō

（唐·骆宾王《咏鹅》）

> Geese, geese, geese,
>
> Singing to the sky with curving necks.
>
> White feathers floating on the turquoise water,
>
> Red feet stirring up clear ripples.

Learn to write

1. Character structure

木	颜	海	绿	地
红	橙	色	草	蓝

2. Stroke order

色 ㇓ ㇇ ㇇ 쉬 쉬 色

绿 ㇀ ㇠ 纟 纟 纟 纫 绉 绉 绿 绿

蓝 一 十 艹 艹 艹 艹 艹 菇 菇 萨 蓝 蓝

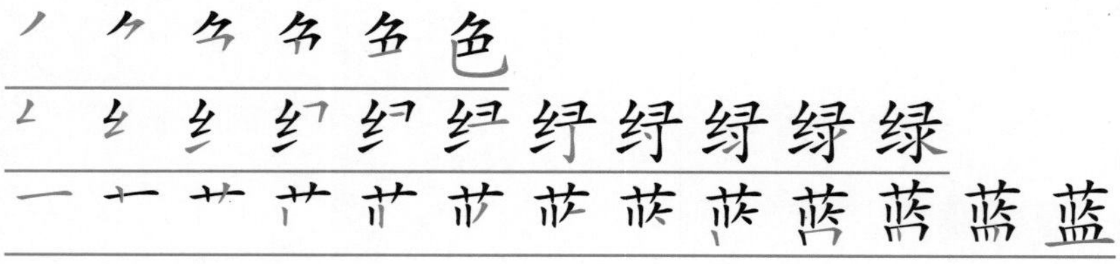

3. Examples of radicals

部 件 bù jiàn	甲骨文 jiǎ gǔ wén	金 文 jīn wén	小 篆 xiǎo zhuàn	楷 书 kǎi shū	组 字 zǔ zì
纟					绿
土					地
页				页(頁)	颜

24 穿这件还是穿那件
chuān zhè jiàn hái shi chuān nà jiàn

Look and say

裙子
qún zi

裤子
kù zi

帽子
mào zi

衣服
yī fu

袜子
wà zi

鞋
xié

New words

1. 件	jiàn	*m.*	*used for clothes or matters*
2. 衣服	yīfu	*n.*	clothes
3. 不错	búcuò	*adj.*	not bad
4. 穿	chuān	*v.*	to wear
5. 还是	háishi	*conj.*	or
6. 如果	rúguǒ	*conj.*	if
7. 黑色	hēisè	*n.*	black
8. 裙子	qúnzi	*n.*	dress; skirt
9. 就	jiù	*adv.*	in that case; then
10. 配	pèi	*v.*	to match; to go well with

Mary is going to a party so she asks her mother which dress she should wear.

玛 丽： 妈 妈， 这 件 衣 服 怎 么 样？
mǎ lì   mā ma   zhè jiàn yī fu zěn me yàng

妈 妈： 这 件 衣 服 很 漂 亮。
mā ma   zhè jiàn yī fu hěn piào liang

玛 丽： 那 件 呢？
mǎ lì   nà jiàn ne

妈 妈： 那 件 也 不 错。
mā ma   nà jiàn yě bú cuò

玛 丽： 今 天 我 穿 哪 件？ 穿 这 件 还 是 穿 那 件？
mǎ lì   jīn tiān wǒ chuān nǎ jiàn chuān zhè jiàn hái shi chuān nà jiàn

妈 妈： 如 果 穿 黑 色 的 裙 子， 就 配 这 件 红 色 的
mā ma   rú guǒ chuān hēi sè de qún zi   jiù pèi zhè jiàn hóng sè de

衣 服 。
yī fu

1. "穿这件还是穿那件？"

   In this sentence, 还是 is an alternative conjunction, linking together two choices. 还是 is often used in questions and the answer to the question is one of the two choices.

   A：你喜欢吃米饭还是喜欢吃饺子？

   B：我喜欢（吃）饺子。

2. "如果穿黑色的裙子，就配这件红色的衣服。"

   "如果……就……" is a sentence structure. 如果 is often used to hypothesize a certain situation and 就 is followed by a possible result.

   如果他来，你就能见到他了。

   如果明天下雨，我们就不去了。

Exercise

On your own: Match the pictures with the phrases, then read aloud.

一 条 黑 色 的 裤 子
yì tiáo hēi sè de kù zi

两 条 红 色 的 裙 子
liǎng tiáo hóng sè de qún zi

三 件 蓝 色 的 衣 服
sān jiàn lán sè de yī fu

Conversation practice: Make dialogues with your partner based on the pictures below.

A：你 喜 欢 这 件 还 是 那 件？
nǐ xǐ huan zhè jiàn hái shi nà jiàn

B：我 喜 欢 _____。
wǒ xǐ huan

Class activity: Fashion designer.

Break up into small groups with your classmates to form fashion design teams and design clothing for your favorite stars. Discuss how to match the clothes using the sentence structure below.

如 果 他 穿……，就 配……
rú guǒ tā chuān   jiù pèi

裤子	kùzi	pants
鞋子	xiézi	shoes
帽子	màozi	hat
袜子	wàzi	socks

如 果 穿 红 色 的 裙 子，就 配 白 色 的 鞋 子。
rú guǒ chuān hóng sè de qún zi jiù pèi bái sè de xié zi

Phonetics

1. Listen to the recording, then answer the following questions.
   (1) Which clothes does the boy think look good? Why?
   (2) What color does the boy think matches the red dress?

2. Read the following tongue twister aloud.

   小 方 和 小 黄，
   xiǎo fāng hé xiǎo huáng

   一 起 画 凤 凰。
   yì qǐ huà fèng huáng

   小 方 画 黄 凤 凰，
   xiǎo fāng huà huáng fèng huáng

   小 黄 画 红 凤 凰。
   xiǎo huáng huà hóng fèng huáng

   红 凤 凰 和 黄 凤 凰
   hóng fèng huáng hé huáng fèng huáng

   样 子 都 像 活 凤 凰。
   yàng zi dōu xiàng huó fèng huáng

Xiao Fang and Xiao Huang are competing in drawing a phoenix.

Xiao Fang is drawing a yellow phoenix.

Xiao Huang is drawing a red phoenix.

Both the red phoenix and the yellow phoenix like real phoenixes.

Learn to write

1. Character structure

果	件	样	那	错
如	配	裙	穿	黑

2. Stroke order

果　丶 冂 冂 日 旦 甲 甲 果

配　一 厂 丆 两 西 西 酉 酉 酉 配

裙　丶 礻 礻 礻 礻 衤 衤 裋 裋 裙 裙

3. Examples of radicals

部　件 bù　jiàn	甲骨文 jiǎ gǔ wén	金　文 jīn　wén	小　篆 xiǎo zhuàn	楷　书 kǎi　shū	组　字 zǔ　zì
礻	 ⌵	 夕	 衣	衣	裙
穴			 穴	穴	穿

171

25 他什么样子
tā shén me yàng zi

Look and say

Can you use Chinese to describe these people?

New words

1. 样子	yàngzi	*n.*	appearance; look
2. 辆	liàng	*m.*	*used for vehicles*
3. 白色	báisè	*n.*	white
4. 开车	kāichē	*v.*	to drive
5. 男	nán	*adj.*	male
6. 头发	tóufa	*n.*	hair
7. 长	cháng	*adj.*	long
8. 戴	dài	*v.*	(of glasses, hats) to wear
9. 副	fù	*m.*	pair; set
10. 墨镜	mòjìng	*n.*	dark glasses; sunglasses
11. 黄色	huángsè	*n.*	yellow
12. 紫色	zǐsè	*n.*	purple
13. 裤子	kùzi	*n.*	trousers; pants
14. 车牌	chēpái	*n.*	licence plate
15. 号码	hàomǎ	*n.*	number

Wang Jiaming was the victim of a hit-and-run accident. The policeman asks him to describe the car and the driver, so Wang Jiaming gives the following description.

那辆车是白色的。开车的人是男的，头发很长，戴一副墨镜，穿黄色的衣服，紫色的裤子。车牌号码是FC59633。

Nà liàng chē shì báisè de. Kāichē de rén shì nán de, tóufa hěn cháng, dài yí fù mòjìng, chuān huángsè de yīfu, zǐsè de kùzi. Chēpái hàomǎ shì FC59633.

173

1. "那辆车是白色的。"

By adding 的 after a verb, an adjective or a pronoun, such as 白色的 and 男的 in the text, that word can now function as a noun.

开车的（指开车的人）

打篮球的（指打篮球的人）

吃比萨饼的（指吃比萨饼的人）

2. "开车的人是男的。"

In this sentence, 开车 is a verbal structure used to describe 人. When a verbal structure is used to modify a noun, 的 should be added before the noun.

过年的时候

打篮球的学生

Exercise

On your own: Match and read aloud.

1. 男 的   女 的   长 头 发   短 头 发
    nán de   nǚ de   cháng tóu fa   duǎn tóu fa

2. 一 辆 黑 色 的 汽 车
   yí liàng hēi sè de qì chē

   一 副 墨 镜
   yí fù mò jìng

   一 条 紫 色 的 裤 子
   yì tiáo zǐ sè de kù zi

   一 件 红 色 的 衣 服
   yí jiàn hóng sè de yī fu

Conversation practice: Make dialogues with a partner based on the pictures.

1. A：那 辆 车 是 白 色 的，
　　 nà liàng chē shì bái sè de

　　 对 吗？
　　 duì ma

　 B：＿＿＿＿＿＿＿＿＿＿＿＿ 。

```
(1) 车 牌 号 码      FC59633
    chē pái hào mǎ

(2) 开 车 的 人      女 的
    kāi chē de rén   nǚ de
```

2. A：她 的 头 发 是 长 的 吗？
　　 tā de tóu fa shì cháng de ma

　 B：不 ，＿＿＿＿＿＿＿＿＿＿ 。
　　 bù

```
(1) 头 发      长
    tóu fa    cháng

(2) 裙 子      灰 色
    qún zi    huī sè
```

```
(3) 头 发      短
    tóu fa    duǎn

(4) 裤 子      紫 色
    kù zi     zǐ sè
```

Class activity: Lucky guy.

1. Have students write their Chinese name on a piece of paper and put it in a box. Have the teacher pull out a random note, which will be called the LUCKY GUY.

2. Have students guess who the LUCK GUY is by asking yes or no questions like the example below.

他／她 的 头 发 是 长 的 吗? 衣 服 是 蓝 色 的 吗?
tā tā de tóu fa shì cháng de ma yī fu shì lán sè de ma

3. The student who guesses the correct name first can take out the next note and continue the activity.

Phonetics

1. Listen to the recording, then answer the following questions.
   (1) What does the man buy?
   (2) What color are the jacket and pants the man is wearing?
   (3) What color is the man's hair?

2. Read the following song aloud.

小 小 姑 娘, 清 早 起 床,
xiǎo xiǎo gū niang qīng zǎo qǐ chuáng

提 着 花 篮 上 市 场,
tí zhe huā lán shàng shì chǎng

穿 过 大 街, 走 过 小 巷,
chuān guo dà jiē zǒu guo xiǎo xiàng

卖 花 儿 卖 花 儿 声 声 唱。
mài huār mài huār shēng shēng chàng

A little girl got up early in the morning. She went to the market with a basket of flowers for sale. Going through streets and lanes so zigzagging, "flowers for sale" was what she was singing.

Can you sing it?

小 小 姑 娘
xiǎo xiǎo gū niang

朝鲜儿歌

小小姑 娘，　清早起 床，　提着花 篮　上市场，

穿过大 　街，　走过小 　巷，　卖花儿卖 花儿 声声 唱。

Learn to write

1. Character structure

车	白	开	头	辆
副	镜	裤	牌	码
男	墨	紫	发	戴

2. Stroke order

车　一　𛰣　𛰤　车

紫　丨　𠂉　止　止　此　此　此　紫　紫　紫　紫

牌　丿　丿　𠂆　片　片　片　牌　牌　牌　牌　牌　牌

3. Examples of radicals

部件 bù jiàn	甲骨文 jiǎ gǔ wén	金文 jīn wén	小篆 xiǎo zhuàn	楷书 kǎi shū	组字 zǔ zì
车				车(車)	辆
石				石	码
黑				黑	墨

Chinese culture

Transportation in China

Up until the '90s, China was known as the "Kingdom of Bicycles" and during rush hour streams of bicycles flooded the city streets. However, in the past twenty years automobiles have become increasingly popular, and as a result traffic in urban areas has become a major problem. More and more people have begun to choose buses, the subway and other means of public transportation when they travel.

Unit Summary

FUNCTIONAL USAGE

1. Ordering food in a restaurant

我 要 二 十 个 饺 子。
wǒ yào èr shí gè jiǎo zi

我 要 一 碗 鸡 蛋 汤。
wǒ yào yì wǎn jī dàn tāng

2. Inquiring about and talking about the sums of money

一 共 多 少 钱？
yí gòng duō shao qián

一 共 十 五 元。
yí gòng shí wǔ yuán

3. Inquiring about and giving reasons

今 天 这 里 很 热 闹，
jīn tiān zhè li hěn rè nao

为 什 么？
wèi shén me

因 为 后 天 是 春 节，
yīn wèi hòu tiān shì chūn jié

大 家 都 打 算 买 点 儿
dà jiā dōu dǎ suàn mǎi diǎnr

年 货。
nián huò

4. Inquiring about and talking about one's favorite color

你 喜 欢 什 么 颜 色？
nǐ xǐ huan shén me yán sè

我 喜 欢 蓝 色。
wǒ xǐ huan lán sè

5. Asking for others' opinion on something

穿 这 件 还 是 穿
chuān zhè jiàn hái shi chuān

那 件？
nà jiàn

6. Describing someone's features

开 车 的 人 是 男 的，
kāi chē de rén shi nán de

头 发 很 长，戴 一 副
tóu fa hěn cháng dài yí fù

墨 镜。
mò jìng

179

GRAMMAR FOCUS

Sentence pattern	*Example*

1. (一) 点 儿
   yì diǎnr

   您 吃 点 儿 什 么?
   nín chī diǎnr shén me

2. 因 为……
   yīn wèi

   因 为 后 天 是 春 节, 大 家 都
   yīn wèi hòu tiān shì chūn jié dà jiā dōu

   打 算 买 点 儿 年 货。
   dǎ suàn mǎi diǎnr nián huò

3. V + 什 么
   shén me

   您 买 什 么?
   nín mǎi shén me

4. ……还 是……
   hái shi

   今 天 我 穿 这 件 还 是 穿 那
   jīn tiān wǒ chuān zhè jiàn hái shi chuān nà

   件?
   jiàn

5. 如 果……
   rú guǒ

   如 果 配 黑 色 的 裙 子, 这 件
   rú guǒ pèi hēi sè de qún zi zhè jiàn

   不 好, 那 件 好。
   bù hǎo nà jiàn hǎo

6. 是……的
   shì de

   那 辆 车 是 白 色 的。
   nà liàng chē shì bái sè de

Unit Six

Look and say

头
tóu

眉毛
méi mao

耳朵
ěr duo

手指
shǒu zhǐ

鼻子
bí zi

眼睛
yǎn jing

嘴巴
zuǐ ba

脸
liǎn

肩膀
jiān bǎng

脖子
bó zi

手
shǒu

肚子
dù zi

腰
yāo

膝盖
xī gài

腿
tuǐ

脚
jiǎo

26 你 哪 儿 不 舒 服
nǐ   nǎr   bù shū fu

Look and say

医 生
yī shēng

看 病
kàn bìng

吃 药
chī yào

检 查 身 体
jiǎn chá shēn tǐ

病 人
bìng rén

New words

1. 舒服	shūfu	*adj.*	comfortable
2. 医生	yīshēng	*n.*	doctor
3. 腿	tuǐ	*n.*	leg
4. 有点儿	yǒudiǎnr	*adv.*	a bit; rather ①
5. 疼	téng	*adj.*	aching; painful
6. 左	zuǒ	*n.*	left
7. 右	yòu	*n.*	right
8. 上面	shàngmiàn	*n.*	above
9. 下面	xiàmiàn	*n.*	below
10. 检查	jiǎnchá	*v.*	to examine; to check
11. 一下	yíxià		once ②
12. 问题	wèntí	*n.*	problem
13. 药	yào	*n.*	medicine
14. 以后	yǐhòu	*n.*	afterwards
15. 注意	zhùyì	*v.*	to pay attention to
16. 休息	xiūxi	*v.*	to rest

① 有点儿：usually used for sth. unfavorable

② 一下：used after a verb, indicating an act or an attempt

182

Wang Jiaming gets examined at the emergency room.

医 生：你 哪 儿 不 舒 服？
yī shēng　nǐ nǎr　bù shū fu

家 明：我 的 腿 有 点 儿 疼。
jiā míng　wǒ de tuǐ yǒu diǎnr　téng

医 生：左 腿 还 是 右 腿？
yī shēng　zuǒ tuǐ hái shi yòu tuǐ

家 明：右 腿。
jiā míng　yòu tuǐ

医 生：上 面 还 是 下 面？
yī shēng　shàng miàn hái shi xià miàn

家 明：下 面。
jiā míng　xià miàn

医 生：好，我 检 查 一 下。 你 的 腿 没 有 大 问 题，
yī shēng　hǎo　wǒ jiǎn chá yí xià　nǐ de tuǐ méi yǒu dà wèn tí

吃 点 儿 药 吧，以 后 要 注 意 多 休 息。
chī diǎnr　yào ba　yǐ hòu yào zhù yì duō xiū xi

Notes

1. **"我的腿有点儿疼。"**

   有点儿 indicates a slight degree and is often used before an adjective or verb that has negative or undesirable connotations. 有一点儿 and 有点儿 can be used interchangeably.

   他有点儿发烧。

   今天有一点儿冷。

   有一点儿 is different from the phrase 一点儿 that we learned before. 一点儿 is used before a noun to indicate quantity, while 有一点儿 is used before an adjective or a verb to indicate degree.

2. **"我检查一下。"**

   一下 used after a verb indicates short duration or light and casual nature of an action.

   去一下　看一下

3. **"左腿还是右腿？""上面还是下面？"**

   左，右，上面，and 下面 are called direction words. They can be used alone, or you can add 面 or 边 after them. These different forms can be used interchangeably.

Exercise

On your own: Read aloud the following question and answers.

1. Where does he hurt?

   Tā nǎr téng?

他 头 疼，眼 睛 疼，耳 朵 疼，肚 子 疼，他 的 腿 也 疼。他 很 不 舒 服。
tā tóu téng yǎn jing téng ěr duo téng dù zi téng tā de tuǐ yě téng tā hěn bù shū fu

184

2. Read aloud.

找 一 下， 看 一 下， 我 的 宝 贝① 在 哪 里？
zhǎo yí xià kàn yí xià wǒ de bǎo bèi zài nǎ lǐ

上 面、 下 面、 左 面、 右 面、 前 面、 后 面，
shàngmiàn xià miàn zuǒmiàn yòu miàn qián miàn hòu miàn

哈 哈， 在 这 里!
hā hā zài zhè lǐ

Conversation practice: Make dialogues with a partner based on the pictures below.

A：你 怎 么 了？ ②
　　nǐ zěn me le

B：我 不 舒 服。
　　wǒ bù shū fu

A：你 哪 儿 不 舒 服？
　　nǐ nǎr bù shū fu

B：右 手 疼。
　　yòu shǒu téng

头
tóu

牙
yá

Class activity: Doctor, doctor, I need help...

1. Form groups of two to three people. Have one student act as the doctor and the others act as patients.

2. What should you do if you get the following symptoms? Work together with your group to fill in the table.

Symptoms	Notes
tuǐ téng 腿 疼	
tóu téng 头 疼	
yǎn jing téng 眼 睛 疼	

① 宝贝：treasure

② What's the matter?

185

3. Based off of the table, make dialogues with your fellow group members using the sentence structure below.

如 果 腿 疼，以 后 要 注 意 多 休 息。
rú guǒ tuǐ téng yǐ hòu yào zhù yì duō xiū xi

Phonetics

1. Listen to the recording, then answer the following questions.

   (1) What does the woman do?

   (2) What is wrong with the man?

   (3) What does the woman suggest the man do?

2. Read aloud.

饭 后 百 步 走，活 到 九 十 九。
fàn hòu bǎi bù zǒu huó dào jiǔ shí jiǔ

笑 一 笑，十 年 少；愁 一 愁，白 了 头。
xiào yi xiào shí nián shào chóu yi chóu bái le tóu

笑 口 常 开，青 春 常 在。
xiào kǒu cháng kāi qīng chūn cháng zài

> A walk after meal will make you live to ninety-nine.
>
> If you often smile, you will be ten years younger.
>
> If you often worry, you will be old too soon.
>
> Smiling often can make one feel younger.

Learn to write

1. Character structure

身	舒	检	体	休	腿
查	息	药	疼	左	题

186

2. Stroke order

身 ˊ ⺆ ⺆ ⺆ 自 身 身

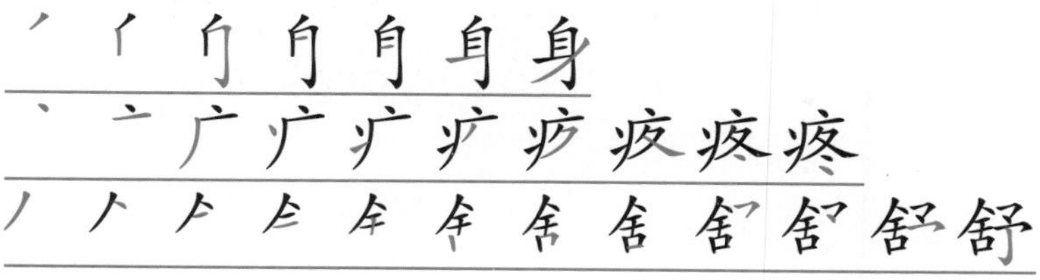

疼 ˋ ⼀ 广 广 疒 疒 疒 疼 疼 疼

舒 ⺈ ⼈ ⼈ ⼈ ⼈ 仐 仝 舍 舍 舍 舒 舒 舒

3. Examples of radicals

部 件 bù jiàn	甲 骨 文 jiǎ gǔ wén	金 文 jīn wén	小 篆 xiǎo zhuàn	楷 书 kǎi shū	组 字 zǔ zì
疒	 𠧷		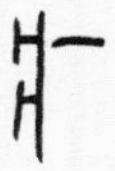 疒	疒	疼
本		 㞢	 㞢	本	体

27 你 会 游 泳 吗
nǐ huì yóu yǒng ma

Look and say

跑 步
pǎo bù

滑 板
huá bǎn

游 泳
yóu yǒng

滑 冰
huá bīng

打 球
dǎ qiú

New words

1. 游泳	yóuyǒng	*v.*	to swim
2. 经常	jīngcháng	*adv.*	often
3. 锻炼	duànliàn	*v.*	to exercise
4. 身体	shēntǐ	*n.*	body
5. 运动	yùndòng	*n.*	sports
6. 排球	páiqiú	*n.*	volleyball
7. 跑步	pǎobù	*v.*	to run; to jog
8. 会	huì	*v.*	can
9. 要是	yàoshi	*conj.*	if
10. 教	jiāo	*v.*	to teach

Mary and Wang Jiaming talk about exercising.

玛丽： 家明， 你 经 常 锻 炼 身 体 吗?
mǎ lì   jiā míng   nǐ jīng cháng duàn liàn shēn tǐ   ma

家明： 不 经 常 锻 炼。
jiā míng   bù jīng cháng duàn liàn

玛丽： 你 喜 欢 什 么 运 动?
mǎ lì   nǐ xǐ huan shén me yùn dòng

家明： 我 喜 欢 打 排 球 和 跑 步。 你 呢?
jiā míng   wǒ xǐ huan dǎ pái qiú hé pǎo bù   nǐ ne

玛丽： 我 喜 欢 游 泳。 你 会 游 泳 吗?
mǎ lì   wǒ xǐ huan yóu yǒng   nǐ huì yóu yǒng ma

家明： 我 不 会。 要 是 有 时 间， 你 教 我 吧!
jiā míng   wǒ bú huì   yào shi yǒu shí jiān   nǐ jiāo wǒ ba

1. **"你喜欢打排球吗？"**

    In Lesson 15 we learned that 喜欢 can be followed by a noun, but here we see that it can also be followed by a verb construction. This structure expresses what someone likes to do.

    喜欢玩游戏

    喜欢吃巧克力

2. **"你会游泳吗？"**

    会 indicates an ability or a skill and in Chinese is known as an auxiliary verb. 会 must be placed before a verb or a verb construction. To negate it, add 不 before 会.

    我会说汉语。

    他不会打排球。

3. **"要是有时间，你教我吧。"**

    要是 is followed by a hypothetical. It is used in the same way as 如果. 要是 is mainly used when speaking, while 如果 is more often used in writing.

    要是你不去，我也不去了。

    要是你喜欢学汉语，我们就一起学吧。

Exercise

On your own: Make sentences based on the words and pictures below.

1. What do they usually do?

他 经 常 锻 炼 身 体。
tā jīng cháng duàn liàn shēn tǐ

Matthew

看 电 影
kàn diàn yǐng

Emma

买 东 西
mǎi dōng xi

Mary

吃 比 萨 饼
chī bǐ sà bǐng

2. What can they do?

他 会 打 乒 乓 球。
tā huì dǎ pīng pāng qiú

Jessica

游 泳
yóu yǒng

Sarah

打 网 球
dǎ wǎng qiú

Robert

开 车
kāi chē

Conversation practice

1. Make dialogues with a partner based on the questions below.

(1) 王 家 明 经 常 锻 炼 身 体 吗?
wáng jiā míng jīng cháng duàn liàn shēn tǐ ma

(2) 玛 丽 喜 欢 什 么 运 动?
mǎ lì xǐ huan shén me yùn dòng

(3) 王 家 明 喜 欢 什 么 运 动?
wáng jiā míng xǐ huan shén me yùn dòng

(4) 谁 会 游 泳?
shéi huì yóu yǒng

2. Make dialogues with a partner based on the pictures below.

A: 要 是 打 排 球，就 早 点 儿 去 吧。
　　yào shi dǎ pái qiú　jiù zǎo diǎnr　　qù ba

B: 好，马 上 去。
　　hǎo mǎ shàng qù

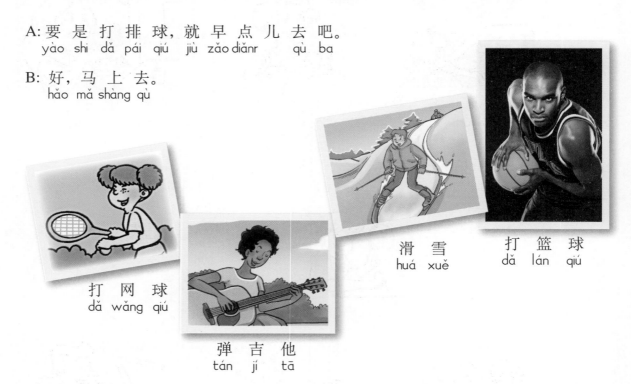

打 网 球
dǎ wǎng qiú

弹 吉 他
tán jí tā

滑 雪
huá xuě

打 篮 球
dǎ lán qiú

Class activity: The class' favorite sports.

1. Interview your classmates to find out what their favorite sports are and how often they play them, then fill in the table below.

你 会 游 泳 吗? 喜 欢 打 排 球 吗?
nǐ huì yóuyǒng ma　xǐ huan dǎ pái qiú ma

sports	like/don't like	can/cannot
yóu yǒng 游 泳	√ / ×	√ / ×
……		

2. Present your result to the class.

家 明 会 游 泳，他 也 喜 欢 游 泳。
jiā míng huì yóu yǒng tā yě xǐ huan yóu yǒng

192

Phonetics

1. Listen to the recording, then answer the following questions.

    (1) Does the girl exercise often?

    (2) What is the girl's favorite sport?

    (3) Can she play basketball?

2. Read the following ancient Chinese poem aloud.

清	明	时	节	雨	纷	纷,
qīng	míng	shí	jié	yǔ	fēn	fēn

路	上	行	人	欲	断	魂。
lù	shang	xíng	rén	yù	duàn	hún

借	问	酒	家	何	处	有,
jiè	wèn	jiǔ	jiā	hé	chù	yǒu

牧	童	遥	指	杏	花	村。
mù	tóng	yáo	zhǐ	xìng	huā	cūn

（唐 · 杜牧《清明》）

On Qingming Festival the rain is falling fast and hard.
Passers-by move sadly on by.
Where can I find a wineshop to drown my sad hours?
A herdboy points to a cottage amid apricot flowers.

Learn to write

1. Character structure

经	炼	动	排	跑	泳
锻	游	步	会	运	间

2. Stroke order

步　丿 丨 丄 止 牛 岁 步

炼　丶 丷 少 火 灯 灯 炼 炼 炼

排　一 丁 扌 扌 扫 扫 扫 排 排 排

3. Examples of radicals

部 件 bù jiàn	甲 骨 文 jiǎ gǔ wén	金 文 jīn wén	小 篆 xiǎo zhuàn	楷 书 kǎi shū	组 字 zǔ zì
钅		余	金	金	钱
门	𰀁	𨳇	門	门 (門)	间

Chinese culture

Taiji Quan (Taichi)

China is the kingdom of martial arts, also known as "Kungfu". One of the most famous styles of traditional Chinese Kungfu is called *Taiji Quan* which is still very popular today. With slow and graceful movements, *Taiji Quan* is both good for your health and beautiful to watch. Nowadays, *Taiji Quan* has become a kind of sport especially for seniors.

28 去游泳馆怎么走
qù yóu yǒng guǎn zěn me zǒu

Look and say

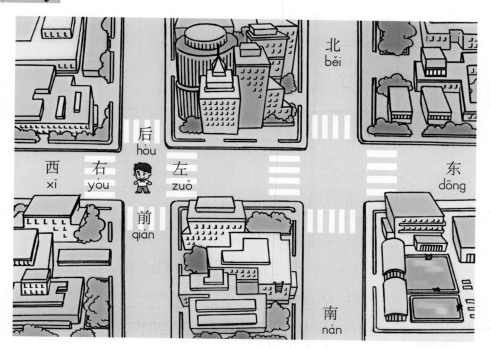

北
běi

后
hòu

西   右   左   东
xī   yòu   zuǒ   dōng

前
qián

南
nán

New words

1. 游泳馆	yóuyǒngguǎn	*n.*	swimming complex
2. 怎么	zěnme	*pron.*	how
3. 走	zǒu	*v.*	to walk; to get (to)
4. 别	bié	*adv.*	don't
5. 担心	dānxīn	*v.*	to worry
6. 向	xiàng	*prep.*	to; towards
7. 东	dōng	*n.*	east
8. 第	dì	*pref.*	*indicates an ordinal number*
9. 路口	lùkǒu	*n.*	intersection; crossing; junction
10. 拐	guǎi	*v.*	to turn; to change direction
11. 等	děng	*v.*	to wait (for)

David calls Wang Jiaming. They are going for a swim.

大卫： 喂，我是大卫。我找王家明。
dà wèi　wèi　wǒ shì dà wèi　wǒ zhǎo wáng jiā míng

家明： 我是王家明。大卫，你好，什么事?
jiā míng　wǒ shì wáng jiā míng　dà wèi　nǐ hǎo　shén me shì

大卫： 你去不去游泳?
dà wèi　nǐ qù bu qù yóu yǒng

家明： 我不会游泳。
jiā míng　wǒ bú huì yóu yǒng

大卫： 别担心，那里有教练。
dà wèi　bié dān xīn　nà lǐ yǒu jiào liàn

家明： 好，我去。去游泳馆怎么走?
jiā míng　hǎo　wǒ qù　qù yóu yǒng guǎn zěn me zǒu

大卫： 从你家向东走，到第二个路口向右拐。
dà wèi　cóng nǐ jiā xiàng dōng zǒu　dào dì èr gè lù kǒu xiàng yòu guǎi

　　　　我在那儿等你。
　　　　wǒ zài nàr　děng nǐ

196

1. "去游泳馆怎么走？"

    怎么 is an interrogative pronoun. It is used before 走 in this sentence to ask the way to the swimming complex. 怎么 can be used to ask about many different things.

    这个字怎么写？（询问这个字的写法）

    他怎么还不来？（询问原因）

2. "从你家向东走，到第二个路口向右拐。"

    In this sentence, 向 is a preposition that introduces the direction or object of the action. 东 and 右 are location words. 向东 and 向右 indicate direction and modify the verbs 走 and 拐.

    向上看

    向那个方向走

    向他提问

3. "到第二个路口向右拐。"

    第 indicates a number in a sequence. "第 + number" can be followed by a person, a thing or matter.

    第一个女生

    第三张床

    第十五个问题

4. "我在那儿等你。"

    In this sentence, 在 is a preposition that indicates location, location should always come before the verb.

    我们在学校学汉语。

    大家在餐厅吃饭。

Exercise

On your own

1. What are they doing?

他 们 在 干 什 么? ①
tā men zài gàn shén me

他 们 在 游 泳 馆 游 泳。
tā men zài yóu yǒng guǎn yóuyǒng

她 们 饭 馆
tā men fàn guǎn

吃 比 萨 饼
chī bǐ sà bǐng

他 们 电 影 院
tā men diàn yǐng yuàn

看 电 影
kàn diàn yǐng

2. Make dialogues based on the sentences.

A: 今 天 有 雨。
jīn tiān yǒu yǔ

B: 别 担 心!
bié dān xīn

我 有 雨 伞。
wǒ yǒu yǔ sǎn

(1) 我 不 会 游 泳
wǒ bú huì yóu yǒng

我 可 以 教 你
wǒ kě yǐ jiāo nǐ

(2) 我 不 喜 欢 吃 比 萨 饼
wǒ bù xǐ huan chī bǐ sà bǐng

那 儿 还 有 饺 子
nàr hái yǒu jiǎo zi

Conversation practice

Pretend you are on the east side of Cypress Street and your partner wants to go to the following places. Use the map below to tell him or her how to get there.

(1) 比 萨 饼 店
bǐ sà bǐng diàn

(2) 医 院
yī yuàn

(3) 电 影 院
diàn yǐng yuàn

A: 请 问, 去 游 泳 馆 怎 么 走?
qǐng wèn qù yóu yǒng guǎn zěn me zǒu

B: 向 东 走, 到 第 二 个 路 口
xiàng dōng zǒu dào dì èr gè lù kǒu

向 右 拐。
xiàng yòu guǎi

A: 谢 谢 您!
xiè xie nín

B: 别 客 气!
bié kè qi

---

① 他们在干什么：What are they doing?

 Class activity: Crazy sentences.

1. Every student fill out three different cards. The first will say their name, the second will say the name of a place, and the third will say something they want to do.

2. The teacher will stack these cards in three separate piles and ask each student to come randomly choose one card from each pile.

3. The student will use the cards to make a sentence and read it aloud to the class.

王家明

在游泳池里

吃比萨饼

Phonetics

1. Listen to the recording, then answer the following questions.

   (1) Can the girl swim?

   (2) Is the girl afraid of swimming?

   (3) Is the swimming complex to the north or to the south of the school?

   (4) How do you get to the swimming pool from the school?

   (5) Will Tom go swimming?

2. Read the following riddle aloud and try to guess the answer.

一　只　蝴　蝶　轻　轻　飘，
yì　zhī　hú　dié　qīng　qīng　piāo

顺　风　直　上　九　重　霄。
shùn　fēng　zhí　shàng　jiǔ　chóng　xiāo

要　知　蝴　蝶　从　哪　来，
yào　zhī　hú　dié　cóng　nǎ　lái

顺　着　线　儿　往　下　找。
shùn　zhe　xiànr　　wǎng　xià　zhǎo

> A butterfly is fluttering briskly. High beyond the highest sky. If you want to know where it's from, you can find the answer along the thread to which it's tied.

Learn to write

1. Character structure

心	担	馆	路
拐	走	第	等

2. Stroke order

心　丶　心　心　心

走　一　十　土　キ　キ　走　走

第　ノ　ナ　ﾅ　ﾉﾅ　竹　竹　竻　笃　笃　第　第

3. Examples of radicals

部　件 bù　jiàn	甲　骨　文 jiǎ　gǔ　wén	金　文 jīn　wén	小　篆 xiǎo　zhuàn	楷　书 kǎi　shū	组　字 zǔ　zì
扌		 ﾜ	 ﾗ	手	担
竹		 个个	 州	竹	第

29 你去哪儿度假
nǐ qù nǎr dù jià

Look and say

爬 山
pá shān

游 泳
yóu yǒng

New words

1. 度假	dùjià	*v.*	to go on vacation; to spend holidays
2. 下	xià	*n.*	next (in time or order)
3. 暑假	shǔjià	*n.*	summer vacation
4. 山区	shānqū	*n.*	mountainous area; the mountains
5. 海边	hǎi biān		seaside; beach
6. 爬	pá	*v.*	to climb
7. 山	shān	*n.*	mountain; hill
8. 西部	xībù	*n.*	the west
9. 凉快	liángkuai	*adj.*	cool
10. 可以	kǐyǐ	*v.*	can; may

David, Wang Jiaming, Jack and Mary talk about where to spend their summer vacation.

大卫：家明，下月是暑假，你去哪儿度假？
dà wèi   jiā míng xià yuè shì shǔ jià nǐ qù nǎr   dù jià

家明：我去山区度假。你去不去？
jiā míng wǒ qù shān qū dù jià nǐ qù bu qù

大卫：我不去，我去海边游泳。
dà wèi   wǒ bú qù wǒ qù hǎi biān yóu yǒng

杰克：我喜欢爬山，我和你一起去山区。玛丽，
jié kè   wǒ xǐ huan pá shān wǒ hé nǐ yì qǐ qù shān qū mǎ lì

你去哪儿？
nǐ qù nǎr

玛丽：我去西部海边。那里很凉快，还可以游
mǎ lì   wǒ qù xī bù hǎi biān nà lǐ hěn liáng kuai hái kě yǐ yóu

泳。
yǒng

203

Notes

1. "我去山区度假。"

   This sentence contains two verbs, 去 and 度 . This kind of sentence is called a serial verb sentence. The second action, 度假 , is the purpose of the first action, 去山区 .

   我去海边游泳。

   我去中国学汉语。

2. "那里很凉快，还可以游泳。"

   可以 is another auxiliary verb that expresses ability and capability. In this sentence, 可以 indicates the existence of the ability to go swimming.

   这个房间很大，可以住三个人。

   今天下午没课，我们可以休息。

Exercise

On your own: Match the places to the corresponding sports.

山 区
shān qū

海 边
hǎi biān

滑 雪
huá xuě

游 泳
yóu yǒng

沙 滩 排 球
shā tān pái qiú

爬 山
pá shān

帆 板
fān bǎn

Conversation practice

1. Make dialogues with a partner based on the pictures below.

A: 这 里 可 以 游 泳 吗?
   zhè lǐ kě yǐ yóuyǒng ma

B: 这 里 禁 止 游 泳 。
   zhè lǐ jìn zhǐ yóu yǒng

禁 止① 游 泳
jìn zhǐ yóu yǒng

禁 止 钓 鱼
jìn zhǐ diào yú

禁 止 打 电 话②
jìn zhǐ dǎ diàn huà

禁 止 进 入
jìn zhǐ jìn rù

2. Use the pictures and words below to make dialogues with your partner.

A: 你 去 海 边 做 什 么?
   nǐ qù hǎi biān zuò shén me

B: 我 去 海 边 游 泳 。
   wǒ qù hǎi biān yóuyǒng

 海 边
hǎi biān

 爬 山
pá shān

 球 场
qiú chǎng

 买 东 西
mǎi dōng xi

 山 区
shān qū

 游 泳
yóu yǒng

 商 店
shāng diàn

 打 网 球
dǎ wǎng qiú

Class activity: Make a holiday plan.

Work out a plan of how you are going to spend your next vacation, then share it with the class.

Phonetics

1. Listen to the recording, then answer the following questions.

  (1) Where is Mary going to spend her summer vacation? Why?

  (2) Where is Mrs. Lin going to spend her vacation? Why?

  (3) Where is David going to spend his vacation? Why?

---

① 禁止：to prohibit; to forbid

② 打电话：to make phone calls

2. Read the following limerick aloud.

柜 里 有 个 盘 儿,
guì li yǒu gè pánr

盘 儿 里 有 个 碗 儿,
pánr li yǒu gè wǎnr

碗 儿 里 有 个 勺 儿,
wǎnr li yǒu gè sháor

勺 儿 里 有 个 豆 儿。
sháor li yǒu gè dòur

小 孩 儿 爱 吃 豆 儿。
xiǎo háir ài chī dòur

There's a plate in the cabinet,
A bowl on the plate,
A spoon in the bowl,
A bean on the spoon.
Kids like beans.

Learn to write

1. Character structure

山	以	部	凉	假
暑	爬	区	度	边

2. Stroke order

区 一 フ ㄨ 区

度 丶 亠 广 广 庐 庐 庐 度 度

假 丿 亻 亻 亻 俨 俨 俨 俨 俨 假 假

3. Examples of radicals

部 件 bù jiàn	甲 骨 文 jiǎ gǔ wén	金 文 jīn wén	小 篆 xiǎo zhuàn	楷 书 kǎi shū	组 字 zǔ zì
阝(右)	𝄞	𝄢	邑	邑	部
匚	匚	匚	匚	匚	区

Chinese culture

School Vacations in China

Chinese schools have two long vacations: the summer vacation and winter vacation. Summer vacation usually lasts for about two months from July to August, and winter vacation is about one month, from mid-January to mid-February. In addition to these two breaks, during the Qingming Festival (Tomb-Sweeping Day), Labor Day, the Mid-Autumn Festival, National Day, and New Year's Day (solar calender), students get one to three days off.

运动场上有很多人
yùn dòng chǎng shang yǒu hěn duō rén

Look and say

比赛
bǐ sài

运动员
yùn dòng yuán

啦啦队员
lā lā duì yuán

New words

1. 运动场	yùndòngchǎng	*n.*	sports field; playground
2. 学校	xuéxiào	*n.*	school
3. 举行	jǔxíng	*v.*	to hold (a meeting, ceremony, etc.)
4. 运动会	yùndònghuì	*n.*	sports meet; game
5. 有的	yǒude	*pron.*	some
6. 参加	cānjiā	*v.*	to take part in; to participate in
7. 棒球	bàngqiú	*n.*	baseball
8. (比)赛	(bǐ)sài	*n.*	match; contest; competition
9. 网球	wǎngqiú	*n.*	tennis
10. 运动员	yùndòngyuán	*n.*	sportsman; sportswoman; athlete; player
11. 每次	měi cì		every time
12. 得	dé	*v.*	to get; to gain; to win
13. 啦啦队	lālāduì	*n.*	cheer squad
14. 送	sòng	*v.*	to send; to deliver

An excerpt from Wang Jiaming's composition.

今天学校举行运动会。运动场上有很多人，有的参加棒球赛，有的参加网球赛。杰克是棒球运动员，每次比赛他都参加。大卫是网球运动员，他经常得第一。玛丽参加啦啦队，我给大家送饮料。我喜欢我们学校和我的同学。

Jīntiān xuéxiào jǔxíng yùndònghuì. Yùndòngchǎng shang yǒu hěn duō rén, yǒude cānjiā bàngqiú sài, yǒude cānjiā wǎngqiú sài. Jiékè shì bàngqiú yùndòngyuán, měi cì bǐsài tā dōu cānjiā. Dàwèi shì wǎngqiú yùndòngyuán, tā jīngcháng dé dì-yī. Mǎlì cānjiā lālāduì, wǒ gěi dàjiā sòng yǐnliào. Wǒ xǐhuan wǒmen xuéxiào hé wǒ de tóngxué.

Notes

1. "运动场上有很多人。"

In this sentence, 有 indicates the existence of something. In this use of 有 , 有 is preceded by a time or location word and followed by a noun. This structure is similar to the English "There is" or "There are".

教室里有很多学生。

桌子上有一本书。

今天下午有音乐会。

This sentence pattern is negated by placing 没 before 有 .

钱包里没有钱。

明天没有历史课。

2. "有的参加棒球赛，有的参加网球赛。"

"有的……，有的……" is used to talk about the different parts of a whole.

有的人喜欢喝橙汁，有的人喜欢喝矿泉水。

图书馆里有很多书，有的是新的，有的是旧的。

3. "我给大家送饮料。"

In this sentence, 给 is a preposition. 大家 is both the object of 给 and the receiver of 饮料.

爸爸给我们家买年货。

杰克给王家明打了一个电话。

Exercise

On your own: Make sentences based on the pictures below.

房 间 里 有 一 个 沙 发。
fáng jiān lǐ yǒu yí gè shā fā

沙 发
shā fā

桌 子
zhuō zi

苹 果
píng guǒ

香 蕉
xiāng jiāo

水
shuǐ

Conversation practice: Make dialogues with a partner based on the pictures below.

A: 他 们 在 干 什 么?
   tā men zài gàn shén me

B: 有 的 人 上 课,
   yǒu de rén shàng kè

   有 的 人 打 网 球……
   yǒu de rén dǎ wǎng qiú

Class activity

1. Crazy sentences.
   (1) The teacher prepares two groups of flash cards: one of sports names and another of countries famous for them.
   (2) Give students three minutes to memorize the sport and country pairs.
   (3) The teacher shows a card with a country's name, then students answer with the corresponding sport name. Once the teacher has used all the cards, switch cards and play in reverse.
2. Chinese Competition in the Forbidden City.
   This will test how many Chinese characters you recognize after a year of study. See Appendix I for further details on how to play this game.

Phonetics

1. Listen to the recording, then answer the following questions.
   (1) When is the school's sports meet going to be held?
   (2) What match does the first boy participate in?
   (3) What match does the second boy participate in?
   (4) What match does Mary participate in?
   (5) Does the last boy to speak participate in any matches?

2. Read the following song aloud.

门　前　一　棵　葡　萄　树，
mén qián yì kē pú tao shù

嫩　嫩　绿　绿　刚　发　芽。
nèn nèn lǜ lǜ gāng fā yá

蜗　牛　背　着　重　重　的　壳，
wō niú bēi zhe zhòng zhòng de ké

一　步　一　步　地　往　上　爬。
yí bù yí bù de wǎngshàng pá

树　上　两　只　黄　鹂　鸟，
shù shang liǎng zhī huáng lí niǎo

嘻　嘻　哈　哈　在　笑　它，
xī xī hā hā zài xiào tā

葡　萄　成　熟　还　早　得　很，
pú tao chéng shú hái zǎo de hěn

现　在　上　来　干　什　么？
xiàn zài shàng lái gàn shén me

黄　鹂　黄　鹂　不　要　笑，
huáng lí huáng lí bú yào xiào

等　我　爬　上　它　就　成　熟　了。
děng wǒ pá shàng tā jiù chéng shú le

There is grape trellis in the yard. Sprouts have just come out, so green and tender. A snail is climbing up the trellis with her heavy shell in a great labor. Two orioles in the tree are laughing at her, "The grapes are far from being ripe. What're you climbing up for?" "Don't mock at me. They'll be ripe when I get there."

Learn to write

1. Character structure

山	场	行	棒	次	得	队
拉	给	举	参	赛	网	送

2. Stroke order

网 丨 冂 冂 冈 网 网

得 ノ ク 彳 彳 彳 彳 彳 得 得 得

赛 丶 丷 宀 宀 宀 宀 宇 宙 审 审 実 寒 寒 赛 赛

3. Examples of radicals

部 件 bù jiàn	甲 骨 文 jiǎ gǔ wén	金 文 jīn wén	小 篆 xiǎo zhuàn	楷 书 kǎi shū	组 字 zǔ zì
彳			ầ	彳	部
阝(左)	㇌		㫃	阜	队
辶	从		㐬	辵	送

214

New Landmarks in Beijing

The National Stadium, commonly referred to as the Bird's Nest, was designed for use during the 2008 Summer Olympics. The National Aquatics Center, commonly referred to as the Water Cube, was built alongside the National Stadium for the swimming competitions in the 2008 Summer Olympics. Now the two places have become new landmarks in Beijing because of the many important activities that were held there.

UNIT SUMMARY

FUNCTIONAL USAGE

1. Inquiring about one's physical condition

你 哪 儿 不 舒 服?
nǐ nǎr bù shū fu

我 左 腿 疼。
wǒ zuǒ tuǐ téng

2. Inquring about a place's exact location

上 面 还 是 下 面?
shàng miàn hái shi xià miàn

左 边 还 是 右 边?
zuǒ bian hái shi yòu bian

3. Inquiring about one's favorite sports

你 喜 欢 什 么 运 动?
nǐ xǐ huan shén me yùn dòng

我 喜 欢 跑 步。
wǒ xǐ huan pǎo bù

4. Asking for directions

去 游 泳 馆 怎 么 走?
qù yóu yǒng guǎn zěn me zǒu

5. Inquiring about and explaining one's holiday plans

你 去 哪 儿 度 假?
nǐ qù nǎr dù jià

我 去 山 区 度 假。
wǒ qù shān qū dù jià

6. Describing the scene of an activity

运 动 场 上 有 很 多 人, 有 的 参 加 棒 球 赛,
yùn dòng chǎng shang yǒu hěn duō rén yǒu de cān jiā bàng qiú sài

有 的 参 加 网 球 赛。
yǒu de cān jiā wǎng qiú sài

GRAMMAR FOCUS

1. 我 左 腿 疼。
   wǒ zuǒ tuǐ téng

2. 有 点 儿……   我 的 头 有 点 儿 疼。
   yǒu diǎnr   wǒ de tóu yǒu diǎnr téng

3. 会……   你 会 游 泳 吗?
   huì   nǐ huì yóu yǒng ma

4. 要 是……   要 是 有 时 间, 你 教 我 好 吗?
   yào shi   yào shi yǒu shí jiān nǐ jiāo wǒ hǎo ma

5. 在……   我 在 那 儿 等 你。
   zài   wǒ zài nàr děng nǐ

6. 去…… (V)   我 去 海 边 游 泳。
   qù   wǒ qù hǎi biān yóu yǒng

7. ……有……   操 场 上 有 很 多 人。
   yǒu   cāo chǎng shang yǒu hěn duō rén

Appendices

I Class Activities

1. Chinese Paper Pinwheel

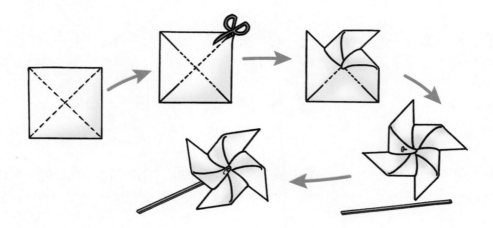

2. Chinese Paper Fan

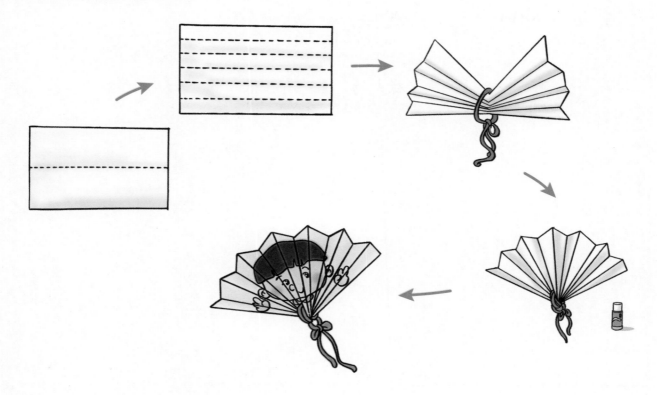

3. Flying Chinese Chess

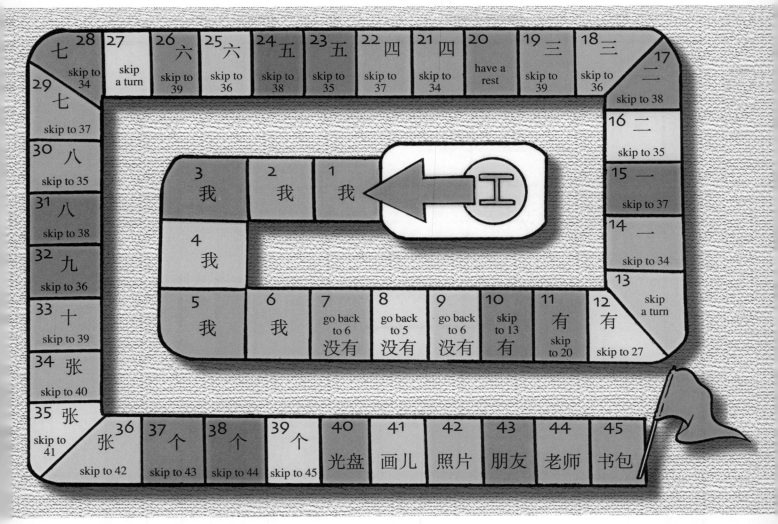

Divide the students into several groups, each with two to three people. The students in each group will take turns casting a die and write down the sentence as they play. For example, "我有七个朋友。" If they go back, they must erase everything they've written before it and start from that point.

4. Color Maze

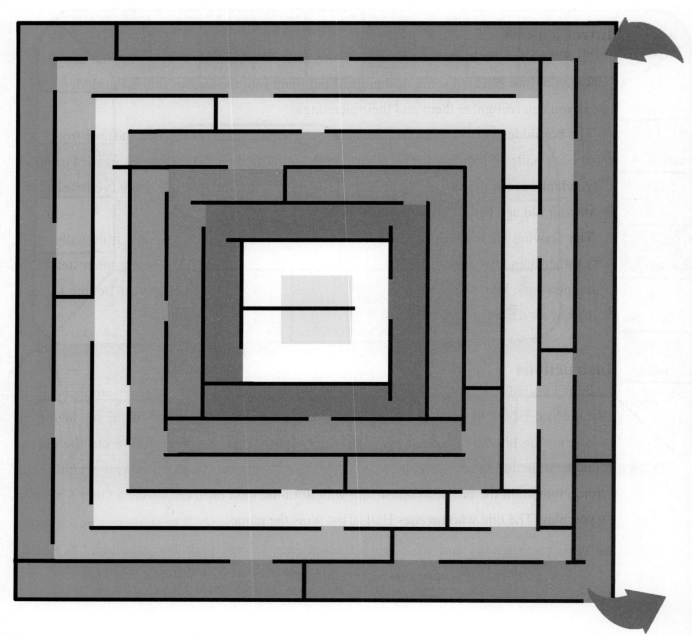

Please try this color maze. ①Solve the maze and write down the name of every color you passed through. ②Try finding different solutions. Write down the colors of every route you find.

5. Forbidden City Competition

Introductions

Now that you've been introduced to more than 300 Chinese words over the course of a year's study, we selected some of them and put them into the houses in the Forbidden City to see if you can recognize them and their meanings.

The Forbidden City is located in the center of Beijing, and is composed of three front halls, three back halls and an imperial garden. There are more than 9, 000 houses in the Forbidden City, which means that even if you slept in each one for only a single night, you would still be in your old age before you'd tried them all.

The drawing we have provided is just an approximate layout of the three front halls of the City rather than the exact design of the whole complex. However, if you are interested in the Forbidden City, you can find more information on line–or you can even visit Beijing to see it with your own eyes.

Instructions

Split into pairs. First, have each partner cast dice. The one with a higher number will go first. Each person will enter the City from a different gate. Throughout the game, take turns to casting the die and advancing to the corresponding house. If you figure out the correct pronunciation and meaning of the word in the house, cast the die again; If you get either one wrong, remain in the previous house and wait until the next turn. Check each other's answers as you play. The one who reaches Hall I first wins the game.

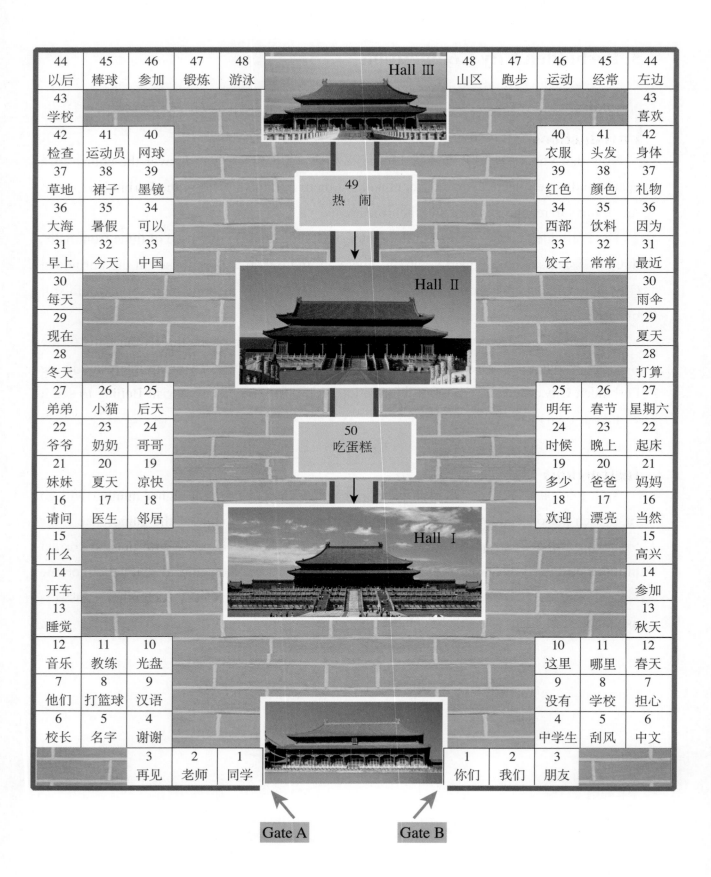

44 以后	45 棒球	46 参加	47 锻炼	48 游泳	Hall III	48 山区	47 跑步	46 运动	45 经常	44 左边
43 学校										43 喜欢
42 检查	41 运动员	40 网球			49 热闹	40 衣服	41 头发	42 身体
37 草地	38 裙子	39 墨镜				39 红色	38 颜色	37 礼物
36 大海	35 暑假	34 可以				34 西部	35 饮料	36 因为
31 早上	32 今天	33 中国			Hall II	33 饺子	32 常常	31 最近
30 每天										30 雨伞
29 现在										29 夏天
28 冬天										28 打算
27 弟弟	26 小猫	25 后天			50 吃蛋糕	25 明年	26 春节	27 星期六
22 爷爷	23 奶奶	24 哥哥				24 时候	23 晚上	22 起床
21 妹妹	20 夏天	19 凉快				19 多少	20 爸爸	21 妈妈
16 请问	17 医生	18 邻居			Hall I	18 欢迎	17 漂亮	16 当然
15 什么										15 高兴
14 开车										14 参加
13 睡觉										13 秋天
12 音乐	11 教练	10 光盘				10 这里	11 哪里	12 春天
7 他们	8 打篮球	9 汉语				9 没有	8 学校	7 担心
6 校长	5 名字	4 谢谢				4 中学生	5 刮风	6 中文
3 再见	2 老师	1 同学				1 你们	2 我们	3 朋友

Gate A Gate B

Keys for A's Questions

1. tóngxué	classmate	26. xiǎo māo	little cat
2. lǎoshī	teacher	27. dìdi	younger brother
3. zàijiàn	goodbye	28. dōngtiān	winter
4. xièxie	to thank	29. xiànzài	now
5. míngzi	name	30. měi tiān	every day
6. xiàozhǎng	principal	31. zǎoshang	morning
7. tāmen	they; them	32. jīntiān	today
8. dǎ lánqiú	to play basketball	33. Zhōngguó	China
9. Hànyǔ	the Chinese language	34. kěyǐ	can; may
10. guāngpán	disks; CDs	35. shǔjià	summer vacation
11. jiàoliàn	coach	36. dàhǎi	sea; ocean
12. yīnyuè	music	37. cǎodì	grassland
13. shuìjiào	to sleep	38. qúnzi	dress; skirt
14. kāichē	to drive	39. mòjìng	sunglasses
15. shénme	what	40. wǎngqiú	tennis
16. qǐngwèn	May I ask...?	41. yùndòngyuán	athlete
17. yīshēng	doctor	42. jiǎnchá	to check
18. línjū	neighbor	43. xuéxiào	school
19. liángkuai	cool	44. yǐhòu	afterwards
20. xiàtiān	summer	45. bàngqiú	baseball
21. mèimei	younger sister	46. cānjiā	to take part in
22. yéye	(paternal) grandfather	47. duànliàn	to exercise
23. nǎinai	(paternal) grandmother	48. yóuyǒng	to swim
24. gēge	elder brother	49. rènao	busy; bustling
25. hòutiān	the day after tomorrow	50. chī dàngāo	to eat cake

Keys for B's Questions

1. nǐmen	you (plural)	26. Chūn Jié	Spring Festival
2. wǒmen	we; us	27. xīngqiliù	Saturday
3. péngyou	friend	28. dǎsuàn	to plan (to)
4. zhōngxuéshēng	high school student	29. xiàtiān	summer
5. guā fēng	(of wind) to blow	30. yǔsǎn	umbrella
6. Zhōngwén	Chinese	31. zuìjìn	recently
7. dānxīn	worry	32. chángcháng	often
8. xuéxiào	school	33. jiǎozi	dumpling
9. méiyǒu	not to have	34. xībù	the west
10. zhèlǐ	here	35. yǐnliào	beverage
11. nǎlǐ	where	36. yīnwèi	because
12. chūntiān	spring	37. lǐwù	gift
13. qiūtiān	fall	38. yánsè	color
14. cānjiā	to take part in	39. hóngsè	red
15. gāoxìng	happy	40. yīfu	clothes
16. dāngrán	of course	41. tóufa	hair
17. piàoliang	beautiful	42. shēntǐ	body
18. huānyíng	to welcome	43. xǐhuan	to like
19. duōshao	how many	44. zuǒbian	left
20. bàba	father	45. jīngcháng	often
21. māma	mother	46. yùndòng	sports
22. qǐchuáng	to get up	47. pǎobù	to run; to jog
23. wǎnshang	night	48. shānqū	the mountains
24. shíhou	time	49. rènao	busy; bustling
25. míngnián	next year	50. chī dàngāo	to eat cake

II Vocabulary

Word	*Pinyin*	Part of Speech	Translation	Lesson
啊	a	*part.*	*used at the end of the sentence to soften the tone*	7
艾米丽	Àimǐlì		Emily	7
吧	ba	*part.*	*used to indicate a suggestion*	16
爸爸	bàba	*n.*	dad; father	14
白色	báisè	*n.*	white	25
柏树街	Bǎishù Jiē	*n.*	Cypress Street	13
半	bàn	*num.*	half	16
棒球	bàngqiú	*n.*	baseball	30
北京	Běijīng	*n.*	Beijing	20
比萨饼	bǐsàbǐng	*n.*	pizza	13
（比）赛	(bǐ)sài	*n.*	match; contest; competition	30
别	bié	*adv.*	don't	28
不	bù	*adv.*	no; not	4
不错	búcuò	*adj.*	not bad	24
不客气	bú kèqi		You're welcome.	3
参加	cānjiā	*v.*	to take part in; to participate in	30
草地	cǎodì	*n.*	grassland	23
长	cháng	*adj.*	long	25
常常	chángcháng	*adv.*	often	20
车牌	chēpái	*n.*	license plate	25
橙色	chéngsè	*n.*	orange	23
吃	chī	*v.*	to eat; to take	10
穿	chuān	*v.*	to wear	24
春节	Chūn Jié	*n.*	Spring Festival (Chinese Lunar New Year)	18
春天	chūntiān	*n.*	spring	20

从	cóng	prep.	from	12
打	dǎ	v.	to play	6
打算	dǎsuàn	v.	to plan (to); to be going to	20
大	dà	adj.	big	14
大海	dàhǎi	n.	sea; ocean	23
大黄	Dàhuáng		Dahuang	15
大家	dàjiā	pron.	all; everybody	10
大卫	Dàwèi		David	1
带	dài	v.	to take/bring/carry... with somebody	19
戴	dài	v.	(of glasses, hats) to wear	25
担心	dānxīn	v.	to worry	28
当然	dāngrán	adv.	of course; certainly	22
蛋糕	dàngāo	n.	cake	10
到	dào	v.	to arrive	13
得	dé	v.	to get; to gain; to win	30
的	de	part.	particle used after an attribute	5
等	děng	v.	to wait (for)	28
弟弟	dìdi	n.	younger brother	15
第	dì	pref.	indicates an ordinal number	28
点	diǎn		o'clock	16
(一)点儿	(yì) diǎnr	m.	a little; a bit; some	21
(商)店	(shāng) diàn	n.	store; shop	13
店员	diànyuán	n.	shop assistant	13
东	dōng	n.	east	28
东西	dōngxi	n.	thing; stuff	22
冬天	dōngtiān	n.	winter	20
都	dōu	adv.	both; all	7
度假	dùjià	v.	to go on vacation; to spend holidays	29
锻炼	duànliàn	v.	to exercise	27

多	duō	*adj.*	many; much	22
多大	duō dà		how old	11
多少	duōshao	*pron.*	how many/how much	8
法语	Fǎyǔ	*n.*	the French language	7
非常	fēicháng	*adv.*	very	20
份	fèn	*m.*	*used for a portion of food*	13
风	fēng	*n.*	wind	19
服务员	fúwùyuán	*n.*	waiter (waitress)	21
副	fù	*m.*	pair; set	25
感恩节	Gǎn'ēn Jié	*n.*	Thanksgiving Day	18
高兴	gāoxìng	*adj.*	happy; glad; cheerful	10
哥哥	gēge	*n.*	elder brother	14
个	gè	*m.*	*usually used before a noun without a particular measure word*	21
跟	gēn	*prep.*	with	10
狗	gǒu	*n.*	dog	14
刮	guā	*v.*	(of wind) to blow	19
拐	guǎi	*v.*	to turn; to change direction	28
光盘	guāngpán	*n.*	disk; CD	8
过年	guònián	*v.*	to celebrate the New Year or the Spring Festival	22
还	hái	*adv.*	and; as well; also; too	14
还是	háishi	*conj.*	or	24
海边	hǎi biān		seaside; beach	29
汉语	Hànyǔ	*n.*	the Chinese language	7
好	hǎo	*adj.*	good	1
好	hǎo	*adj.*	okay; all right	13
号	hào	*n.*	number in a series	13
号	hào	*n.*	date (of the month)	18

号码	hàomǎ	n.	number	25
喝	hē	v.	to drink	21
和	hé	conj.	and	7
黑色	hēisè	n.	black	24
很	hěn	adv.	very	10
红色	hóngsè	n.	red	23
后天	hòutiān	n.	the day after tomorrow	22
欢迎	huānyíng	v.	to welcome	12
黄色	huángsè	n.	yellow	25
会	huì	v.	can	27
鸡蛋	jīdàn	n.	egg	21
几	jǐ	pron.	how many	8
家	jiā	n.	home	12
检查	jiǎnchá	v.	to examine; to check	26
件	jiàn	m.	used for clothes or matters	24
饺子	jiǎozi	n.	dumpling	21
教	jiāo	v.	to teach	27
叫	jiào	v.	to call; to name	2
教练	jiàoliàn	n.	coach; instructor	6
节	jié	n.	holiday; festival	18
节日	jiérì	n.	holiday; (festival)	20
杰克	Jiékè		Jack	2
今天	jīntiān	n.	today	10
经常	jīngcháng	adv.	often	27
就	jiù	adv.	in that case; then	24
举行	jǔxíng	v.	to hold (a meeting, ceremony, etc.)	30
觉得	juéde	v.	to think; to feel	20
开车	kāichē	v.	to drive	25
可能	kěnéng	adv.	maybe; perhaps	19

可是	kěshì	*conj.*	but; however	15
可以	kěyǐ	*v.*	can; may	29
刻（钟）	kè (zhōng)	*n.*	a quarter of an hour	17
口	kǒu	*m.*	*used for the number of family members*	14
裤子	kùzi	*n.*	trousers; pants	25
快乐	kuàilè	*adj.*	happy; joyous	9
啦啦队	lālāduì	*n.*	cheer squad	30
来	lái	*v.*	to come	12
蓝色	lánsè	*n.*	blue	23
篮球	lánqiú	*n.*	basketball	6
老师	lǎoshī	*n.*	teacher	1
冷	lěng	*adj.*	cold	20
礼物	lǐwù	*n.*	present; gift	22
凉快	liángkuai	*adj.*	cool	29
两	liǎng	*num.*	two; both	14
辆	liàng	*m.*	*used for vehicles*	25
邻居	línjū	*n.*	neighbor	15
林（老师）	Lín (lǎoshī)		a surname	1
路口	lùkǒu	*n.*	intersection; crossing; junction	28
绿色	lǜsè	*n.*	green	23
妈妈	māma	*n.*	mom; mother	14
马上	mǎshàng	*adv.*	right away; immediately	13
玛丽	Mǎlì		Mary	2
吗	ma	*part.*	*used at the end of yes/no question*	4
买	mǎi	*v.*	to buy	22
忙	máng	*adj.*	busy	20
猫	māo	*n.*	cat	14
没有	méiyǒu	*v.*	not to have; don't have	8

每次	měi cì		every time	30
每天	měi tiān		every day	17
妹妹	mèimei	*n.*	younger sister	11
们	men	*suf.*	*used to form a plural number*	1
名字	míngzi	*n.*	name	3
明亮	míngliàng	*adj.*	bright	23
明年	míngnián	*n.*	next year	18
明天	míngtiān	*n.*	tomorrow	18
墨镜	mòjìng	*n.*	dark glasses; sunglasses	25
哪	nǎ	*pron.*	which	18
哪儿	nǎr	*pron.*	where	19
哪里	nǎlǐ	*pron.*	where	9
那	nà	*pron.*	that	8
奶奶	nǎinai	*n.*	(paternal) grandmother	15
男	nán	*adj.*	male	25
呢	ne	*part.*	*used at the end of an interrogative sentence*	11
你	nǐ	*pron.*	you	1
你们	nǐmen	*pron.*	you (plural)	2
年货	niánhuò	*n.*	special purchases for the Spring Festival	22
您	nín	*pron.*	polite form of "you" (singular)	9
爬	pá	*v.*	to climb	29
排球	páiqiú	*n.*	volleyball	27
跑步	pǎobù	*v.*	to run; to jog	27
配	pèi	*v.*	to match; to go well with	24
朋友	péngyou	*n.*	friend	5
漂亮	piàoliang	*adj.*	beautiful; pretty	14
起床	qǐchuáng	*v.*	to get up	16

请问	qǐngwèn			May I ask...?/Excuse me, ...?	13
秋天	qiūtiān	*n.*		fall	20
去	qù	*v.*		to go	16
去年	qùnián	*n.*		last year	22
裙子	qúnzi	*n.*		dress; skirt	24
热	rè	*adj.*		hot	20
热闹	rènao	*adj.*		busy; bustling; lively	22
人	rén	*n.*		person; people	14
日	rì	*n.*		date	18
如果	rúguǒ	*conj.*		if	24
山	shān	*n.*		mountain; hill	29
山区	shānqū	*n.*		mountainous area; the mountains	29
上面	shàngmiàn	*n.*		above	26
谁	shéi	*pron.*		who	6
身体	shēntǐ	*n.*		body	27
什么	shénme	*pron.*		what	3
生日	shēngrì	*n.*		birthday	9
时候	shíhou	*n.*		time; moment	17
事	shì	*n.*		matter; affair; thing; business	16
是	shì	*v.*		to be (is/am/are)	2
收到	shōudào			to receive; to get	22
舒服	shūfu	*adj.*		comfortable	26
暑假	shǔjià	*n.*		summer vacation	29
树木	shùmù	*n.*		tree	23
睡觉	shuìjiào	*v.*		to go to bed; to sleep	17
送	sòng	*v.*		to send; to deliver	30
岁	suì	*m.*		year (of age)	11
所以	suǒyǐ	*conj.*		so; therefore	23
他	tā	*pron.*		he	2

它	tā	*pron.*	it	14
她	tā	*pron.*	she	2
他们	tāmen	*pron.*	they; them (male)	5
它们	tāmen	*pron.*	they; them (thing or animal)	15
她们	tāmen	*pron.*	they; them (female)	4
汤	tāng	*n.*	soup	21
疼	téng	*adj.*	aching; paintful	26
天	tiān	*n.*	day	18
天气	tiānqì	*n.*	weather	19
听	tīng	*v.*	to listen (to)	10
同学	tóngxué	*n.*	classmate	1
头发	tóufa	*n.*	hair	25
腿	tuǐ	*n.*	leg	26
外面	wàimiàn	*n.*	outside	19
玩	wán	*v.*	to play	12
晚上	wǎnshang	*n.*	night; evening	17
碗	wǎn	*m.*	bowl	21
王家明	Wáng Jiāmíng		Wang Jiaming	1
网球	wǎngqiú	*n.*	tennis	30
为什么	wèi shénme		why	22
喂	wèi	*interj.*	Hello?	13
温哥华	Wēngēhuá		Vancouver	15
问题	wèntí	*n.*	problem	26
我	wǒ	*pron.*	I; me	2
我们	wǒmen	*pron.*	we; us	5
西部	xībù	*n.*	the west	29
喜欢	xǐhuan	*v.*	to like	15
下	xià	*n.*	next (in time or order)	29
下面	xiàmiàn	*n.*	below	26

下午	xiàwǔ	*n.*	afternoon	19
下雨	xià yǔ		rain	19
夏天	xiàtiān	*n.*	summer	20
先生	xiānsheng	*n.*	mister; sir; gentleman	21
现在	xiànzài	*n.*	now	16
向	xiàng	*prep.*	to; towards	28
小	xiǎo	*adj.*	small; little	14
小黄	Xiǎohuáng		Xiaohuang	15
小学生	xiǎoxuéshēng	*n.*	elementary school student	11
小雨	Xiǎoyǔ		a person's name, literally "drizzle"	20
校长	xiàozhǎng	*n.*	headmaster; principal; (university or college) president	4
谢谢	xièxie	*v.*	to thank (you)	3
新年	xīnnián	*n.*	New Year	20
星期	xīngqī	*pron.*	days of the week	14
姓	xìng	*v.*	to be surnamed	12
休息	xiūxi	*v.*	to rest	26
学	xué	*v.*	to learn; to study	7
学生	xuéshēng	*n.*	student	4
学校	xuéxiào	*n.*	school	30
压岁钱	yāsuìqián	*n.*	money given to children as a Lunar New Year gift	22
颜色	yánsè	*n.*	color	23
样子	yàngzi	*n.*	appearance; look	20
药	yào	*n.*	drug; medicine	26
要	yào	*v.*	to want; would like (to)	13
要是	yàoshi	*conj.*	if	27
爷爷	yéye	*n.*	(paternal) grandfather	15
也	yě	*adv.*	also; too	6

一共	yígòng	*adv.*	altogether	21
一起	yìqǐ	*n.*	together	10
一下	yíxià		once	26
衣服	yīfu	*n.*	clothes; clothing	24
医生	yīshēng	*n.*	doctor	15
以后	yǐhòu	*n.*	afterwards	26
因为	yīnwèi	*conj.*	because	22
音乐	yīnyuè	*n.*	music	10
饮料	yǐnliào	*n.*	beverage	21
用	yòng	*v.*	to use	22
游泳	yóuyǒng	*v.*	to swim	27
游泳馆	yóuyǒngguǎn	*n.*	swimming complex	28
有	yǒu	*v.*	to have	7
有的	yǒude	*pron.*	some	30
有点儿	yǒudiǎnr	*adv.*	a bit; rather	26
右	yòu	*n.*	right	26
羽毛球	yǔmáoqiú	*n.*	badminton; shuttlecock	6
雨伞	yǔsǎn	*n.*	umbrella	19
雨衣	yǔyī	*n.*	raincoat	19
元	yuán	*m.*	*yuan*	21
月	yuè	*n.*	month	18
运动	yùndòng	*n.*	sports	27
运动场	yùndòngchǎng	*n.*	sports field; playground	30
运动会	yùndònghuì	*n.*	sports meet; game	30
运动员	yùndòngyuán	*n.*	sportsman; sportswoman; athlete; player	30
在	zài	*v.*	to be	9
在	zài	*prep.*	*indicates where a person or thing is*	13
再见	zàijiàn		See you.	3

早上	zǎoshang	*n.*	morning	17
怎么	zěnme	*pron.*	how	28
怎么样	zěnmeyàng	*pron.*	how	19
张	zhāng	*m.*	*used for flat items like disks, paper, tickets, etc.*	8
张小美	Zhāng Xiǎoměi		Zhang Xiaomei	12
找	zhǎo	*v.*	to find; to look for	9
这	zhè	*pron.*	this	8
这里	zhèlǐ	*pron.*	here	9
只	zhī	*m.*	*used for the number of animals*	14
芝加哥	Zhījiāgē		Chicago	15
中国	Zhōngguó		China	12
中文	Zhōngwén	*n.*	the Chinese language	8
中学生	zhōngxuéshēng	*n.*	junior high or high school student	5
种	zhǒng	*m.*	kind; sort; type	23
住	zhù	*v.*	to live; to reside	13
祝	zhù	*v.*	to offer good wishes; to wish	9
注意	zhùyì	*v.*	to pay attention to	26
紫色	zǐsè	*n.*	purple	25
走	zǒu	*v.*	to walk; to get (to)	28
最	zuì	*adv.*	most; least; best; to the highest or lowest degree	20
最近	zuìjìn	*n.*	recently; lately	20
昨天	zuótiān	*n.*	yesterday	18
左	zuǒ	*n.*	left	26

（共301个）

III Chinese Characters

Characters		*Pinyin*	Lesson	Characters		*Pinyin*	Lesson
啊	啊	a	7	错	錯	cuò	24
爸	爸	bà	7	打	打	dǎ	6
吧	吧	ba	16	带	帶	dài	19
白	白	bái	25	戴	戴	dài	25
柏	柏	bǎi	13	担	擔	dān	28
半	半	bàn	16	蛋	蛋	dàn	10
棒	棒	bàng	30	当	當	dāng	22
北	北	běi	20	到	到	dào	13
比	比	bǐ	13	得	得	dé	30
边	邊	biān	29	的	的	de	6
饼	餅	bǐng	13	等	等	děng	28
不	不	bù	3	地	地	dì	23
步	步	bù	27	弟	弟	dì	15
部	部	bù	29	第	第	dì	28
参	參	cān	30	点	點	diǎn	16
草	草	cǎo	23	店	店	diàn	13
查	查	chá	26	东	東	dōng	22
常	常	cháng	20	冬	冬	dōng	20
场	場	chǎng	30	动	動	dòng	27
车	車	chē	25	都	都	dōu	7
橙	橙	chéng	23	度	度	dù	29
吃	吃	chī	10	锻	鍛	duàn	27
穿	穿	chuān	24	队	隊	duì	30
床	床	chuáng	16	多	多	duō	8
春	春	chūn	18	恩	恩	ēn	18
次	次	cì	30	发	發	fā	25
从	從	cóng	12	法	法	fǎ	7

非	非	fēi	20		和	和	hé	9
份	份	fèn	13		很	很	hěn	10
风	風	fēng	19		红	紅	hóng	23
服	服	fú	21		后	後	hòu	22
副	副	fù	25		候	候	hòu	17
感	感	gǎn	18		华	華	huá	15
高	高	gāo	10		欢	歡	huān	12
糕	糕	gāo	10		黄	黄	huáng	15
哥	哥	gē	14		会	會	huì	27
个	個	gè	21		货	貨	huò	22
给	給	gěi	30		鸡	雞	jī	21
跟	跟	gēn	16		几	幾	jǐ	8
共	共	gòng	21		加	加	jiā	15
狗	狗	gǒu	14		家	家	jiā	1
刮	刮	guā	19		假	假	jià	29
拐	拐	guǎi	28		间	間	jiān	27
馆	館	guǎn	28		检	檢	jiǎn	26
光	光	guāng	8		见	見	jiàn	3
国	國	guó	12		件	件	jiàn	24
果	果	guǒ	24		饺	餃	jiǎo	21
过	過	guò	22		叫	叫	jiào	2
还	還	hái	14		觉	覺	jiào	17
海	海	hǎi	23		教	教	jiào	6
汉	漢	hàn	7		街	街	jiē	13
行	行	xíng	30		节	節	jié	18
好	好	hǎo	1		杰	傑	jié	2
号	號	hào	13		今	今	jīn	10
喝	喝	hē	21		近	近	jìn	20

简体	繁体	拼音	页码		简体	繁体	拼音	页码
京	京	jīng	20		辆	輛	liàng	25
经	經	jīng	27		料	料	liào	21
镜	鏡	jìng	25		邻	鄰	lín	15
居	居	jū	15		路	路	lù	28
举	舉	jǔ	30		绿	綠	lǜ	23
开	開	kāi	25		妈	媽	mā	14
可	可	kě	15		马	馬	mǎ	13
克	克	kè	2		玛	瑪	mǎ	2
刻	刻	kè	17		码	碼	mǎ	25
客	客	kè	3		吗	嗎	ma	4
口	口	kǒu	14		买	買	mǎi	22
裤	褲	kù	25		忙	忙	máng	20
快	快	kuài	9		猫	貓	māo	14
啦	啦	lā	30		毛	毛	máo	6
来	來	lái	12		么	麼	me	3
蓝	藍	lán	23		没	沒	méi	8
篮	籃	lán	6		每	每	měi	17
老	老	lǎo	1		美	美	měi	12
乐	樂	lè	9		妹	妹	mèi	11
冷	冷	lěng	20		们	們	mén	1
礼	禮	lǐ	22		米	米	mǐ	7
里	裡	lǐ	9		面	面	miàn	19
丽	麗	lì	2		名	名	míng	12
练	練	liàn	6		明	明	míng	1
炼	煉	liàn	27		墨	墨	mò	25
凉	涼	liáng	29		木	木	mù	23
两	兩	liǎng	14		哪	哪	nǎ	9
亮	亮	liàng	14		那	那	nà	8

奶	奶	nǎi	15	热	熱	rè	20
男	男	nán	25	人	人	rén	14
闹	鬧	nào	22	日	日	rì	9
呢	呢	ne	12	如	如	rú	24
能	能	néng	19	萨	薩	sà	13
你	你	nǐ	1	赛	賽	sài	30
年	年	nián	18	三	三	sān	14
您	您	nín	9	伞	傘	sǎn	19
爬	爬	pá	29	色	色	sè	23
排	排	pái	27	山	山	shān	29
牌	牌	pái	25	上	上	shàng	13
盘	盤	pán	8	少	少	shǎo	8
跑	跑	pǎo	27	谁	誰	shéi	6
配	配	pèi	24	身	身	shēn	26
朋	朋	péng	5	什	什	shén	3
漂	漂	piào	14	生	生	shēng	4
七	七	qī	17	时	時	shí	17
期	期	qī	18	事	事	shì	16
起	起	qǐ	10	是	是	shì	4
气	氣	qì	3	收	收	shōu	22
钱	錢	qián	22	舒	舒	shū	26
请	請	qǐng	13	暑	暑	shǔ	29
秋	秋	qiū	20	树	樹	shù	13
球	球	qiú	6	睡	睡	shuì	17
区	區	qū	29	四	四	sì	18
去	去	qù	16	送	送	sòng	30
裙	裙	qún	24	算	算	suàn	20
然	然	rán	22	岁	歲	suì	11

他	他	tā	4	喜	喜	xǐ	15
她	她	tā	4	下	下	xià	19
汤	湯	tāng	21	夏	夏	xià	20
疼	疼	téng	26	先	先	xiān	21
题	題	tí	26	现	現	xiàn	16
体	體	tǐ	26	向	向	xiàng	28
天	天	tiān	10	小	小	xiǎo	11
听	聽	tīng	10	校	校	xiào	4
同	同	tóng	1	谢	謝	xiè	3
头	頭	tóu	25	心	心	xīn	28
腿	腿	tuǐ	26	新	新	xīn	20
外	外	wài	19	星	星	xīng	18
玩	玩	wán	12	兴	興	xìng	10
晚	晚	wǎn	17	姓	姓	xìng	12
碗	碗	wǎn	21	休	休	xiū	26
网	網	wǎng	30	学	學	xué	1
为	為	wèi	22	压	壓	yā	22
喂	喂	wèi	13	颜	顏	yán	23
温	溫	wēn	15	样	樣	yàng	19
文	文	wén	8	药	藥	yào	26
问	問	wèn	13	要	要	yào	13
我	我	wǒ	2	爷	爺	yé	15
五	五	wǔ	14	也	也	yě	6
午	午	wǔ	19	一	一	yī	10
务	務	wù	21	衣	衣	yī	19
物	物	wù	22	医	醫	yī	15
西	西	xī	22	以	以	yǐ	29
息	息	xī	26	因	因	yīn	22

音	音	yīn	10	早	早	zǎo	17
饮	飲	yǐn	21	怎	怎	zěn	19
迎	迎	yíng	12	张	張	zhāng	8
泳	泳	yǒng	27	长	長	zhǎng	4
用	用	yòng	22	找	找	zhǎo	9
游	游	yóu	27	这	這	zhè	8
友	友	yǒu	5	只	只	zhī	14
有	有	yǒu	7	芝	芝	zhī	15
右	右	yòu	28	中	中	zhōng	5
羽	羽	yǔ	6	住	住	zhù	13
雨	雨	yǔ	19	祝	祝	zhù	9
语	語	yǔ	7	子	子	zi	21
元	元	yuán	21	紫	紫	zǐ	25
员	員	yuán	13	字	字	zì	12
月	月	yuè	18	走	走	zǒu	28
运	運	yùn	27	最	最	zuì	20
再	再	zài	3	昨	昨	zuó	18
在	在	zài	9	左	左	zuǒ	26

（共314个）